Die schönsten Rezepte aus der deutschen Küche

Deutsches Weininstitut (Hrsg.)

Die schönsten Rezepte aus der deutschen Küche

Mit Weinempfehlungen aus den deutschen Anbaugebieten

Rezepte unter Mitarbeit von 12 Küchenmeistern
Zusammengestellt von Rolf L. Temming

Inhalt

Einleitung

Rezepte

Rund um den deutschen Wein

Anhang

Kulinarische Regionen und deutsche Weine

Ähnlich wie die unterschiedlichen Konsumgewohnheiten der letzten vierzig Jahre haben sich auch Küchen- und Zubereitungsstile in Deutschland nationalen und internationalen Entwicklungen und Bedürfnissen angepaßt. Zunächst dominierte die herkömmliche deutsche Küche, ergänzt von der klassischen französischen oder italienischen Schule. Große Erfolge feierten bereits in den 70er Jahren junge deutsche Köche, die die sogenannte „Neue Deutsche Küche" schufen. Anleihen und Rückgriffe auf französische und italienische Vorbilder, insbesondere hinsichtlich der Auswahl der saisonfrischen Produkte, sind bekannt. Neue Stile wurden durch die fernöstliche Küche oder auch andere ethnische Gastronomiestile gefördert. Heute nun ist wieder ein Zurück zur regionalen oder eher traditionellen Küche gefragt.
Dieses Buch lädt Sie nun ein zu einer kulinarischen Reise durch Deutschland – von der Küste bis nach Bayern. Jedes Kapitel beschreibt eine der kulinarischen Landschaften und präsentiert typische Gerichte. Für jede dieser Landschaften konnten wir einen bekannten Küchenchef als kompetenten Führer gewinnen.
Diese Mitarbeiter haben ihre Aufgabe unterschiedlich gelöst – wie soll es bei zwölf Individualisten anders sein. Der eine ist der traditionellen Küche verhaftet und hat sich darauf konzentriert, die Gerichte zu verfeinern und dem heutigen Zeitgeschmack anzupassen. Der andere nimmt die regionale Küche als Anregung, ganz neue Kreationen zu entwickeln. In dieser Hinsicht ist unser Buch der Spiegel der zwölf Charaktere. Herzlichen Dank möchten wir daher den zwölf Küchenchefs sagen, aber auch den vielen Ungenannten, die uns wertvolle Tips zu den deutschen Regionalküchen gaben.
Deutsche Küche und deutscher Wein sind eng miteinander verbunden. Daher finden Sie bei den einzelnen Rezepten jeweils eine detaillierte Weinempfehlung vom Deutschen Weininstitut, das auch die Texte zum Kapitel „Rund um den deutschen Wein" erarbeitet hat. Sie erfahren darin Wissenswertes über die Kombination von Speisen und Wein, über Rebsorten, über die Angaben auf dem Weinetikett und über die Weinlagerung.
Doch nun von der Theorie zurück zur Praxis: Wählen Sie am besten mit Ihrem Freundeskreis gemeinsam ein Gericht oder Menü aus, und stellen Sie dann die Weine nach den Empfehlungen dieses Buches zusammen. Man kann aber auch den umgekehrten Weg wählen: Zu den erklärten Lieblingsweinen sucht man sich die besonders geeigneten Speisen aus. Beide Verfahren können königlichen Spaß bereiten, wenn Sie sie nicht „bierernst" sondern „weinfroh" angehen.
Hierzu wünscht Ihnen das Deutsche Weininstitut guten Appetit und viel Vergnügen!

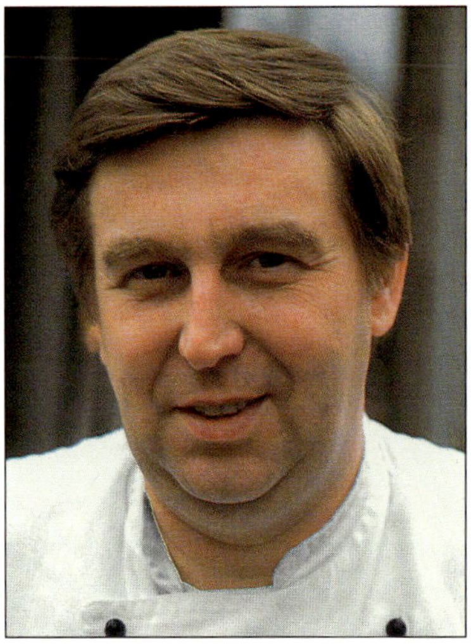

Wolf-Dieter Klunker
Küchenchef des Fischereihafen-Restaurants in Hamburg

Patron Rüdiger Kowalke und Küchenchef Wolf-Dieter Klunker sind ein Traumpaar, wenn es um Fisch geht. Frischer Fisch ist das Erfolgsgeheimnis des über Hamburgs Grenzen im In- und Ausland bekannten Fischereihafen-Restaurants. Perfekte Klassik und neue Ideen – so fühlt sich die internationale Prominenz in diesem Restaurant genauso wohl wie der Hamburger Bürger – beim schnellen Lunch wie beim festlichen Essen.
Wolf-Dieter Klunker stammt aus Bayern, erhielt aber seine Ausbildung in Hamburg im Flughafen-Restaurant. Weitere Stationen waren das Hotel Kurhaus in Bad Mergentheim, das Weiße Rössel in Hinterzarten, der Anglo German Club in Hamburg und der Kaltenkirchener Hof in Kaltenkirchen. Seit 1981 ist er Küchenchef im Fischereihafen-Restaurant. Dort hat er bereits für Kanzler Kohl, Prinz Charles und Lady Di sowie für unzählige andere Prominente aus Kunst und Wissenschaft, Wirtschaft und Politik gekocht.
Wolf-Dieter Klunker hat am Kapitel „Deutschlands Küsten" mitgearbeitet.

Ewald Hinterding
Davert Jagdhaus Restaurant, Münster-Amelsbüren

Das Davert Jagdhaus Restaurant ist eine gute Adresse in ländlicher Umgebung, die hauptsächlich von Stammgästen aus dem nahen Münster besucht wird. Aber auch eine Anfahrt von 100 Kilometern nimmt man gern in Kauf, um bei Ewald und Christel Hinterding zu Gast zu sein. Ihr Konzept ist ein feines, mehr der traditionellen Küche verpflichtetes Restaurant, das die soliden Werte der Nouvelle Cuisine betont. Basierend auf der klassischen französischen Küche prägen neue Formen der Interpretation die Gerichte zu dem Unvergleichlichen, das die Stammgäste zu schätzen wissen.
Ewald Hinterding lernte zunächst Metzger, ehe er seine klassische Ausbildung zum Koch begann. Seine Stationen waren das Rheinland, der Bodensee, Österreich und Iserlohn, bevor er nach Münster kam und sich dort vor etwa 20 Jahren selbständig machte.
Ewald Hinterding hat am Kapitel „Niedersachsen und Westfalen" mitgearbeitet.

Hansjörg Schlenker
Küchenchef des Hotels Preußischer Hof in Liebenwalde

Der Kavalleriegeneral von Bischofswerder erhielt vom preußischen König Friedrich II. wegen seiner militärischen Verdienste das Land zum Geschenk, das heute seinen Namen als Ortsteil von Liebenwalde trägt. Bis 1882 wurden hier Pferde für die preußische Armee gezüchtet. Heute ist aus dem einstigen Adelshof, der eine knappe Autostunde von Berlin entfernt liegt, ein Club- und Tagungshotel geworden.
Hansjörg Schlenkers Küche bewegt sich zwischen märkischer Tradition und hauptstädtischer Weltoffenheit. Seinen Beruf hat er im Bayerischen Hof in Lindau gelernt. Doch bald zog es ihn nach Berlin – Kempinski und Hilton. Und nach einem Abstecher nach Paris und Genf fand er, daß so ein Koffer in Berlin unbestreitbare Vorteile hat – er kehrte in die Weltstadt zurück. Seine Stationen dort: Demichef, dann Küchenchef im Schweizer Hof, Gastronomischer Leiter und Küchenchef im Landhaus am Poloplatz und seit 1994 Küchenchef im Hotel Preußischer Hof in Liebenwalde.
Hansjörg Schlenker brachte bei der Zusammenstellung dieses Buches seine Kenntnis der Küche aus Berlin und Brandenburg ein.

Kurt Saffenreuther
Küchenchef im Moselromantik-Hotel Zum Löwen in Ediger-Eller

Es ist ein echter Familienbetrieb, der da romantisch zwischen Mosel und Weinbergen liegt. Die Hauptmerkmale: gepflegte Gastlichkeit und ausgezeichnete Weine. Die Familie hat ein eigenes Weingut und der Junior, Kurt, weiß wovon er spricht, wenn er den Moselwein empfiehlt - trocken zum Fisch, halbtrocken zum Wild und eine Auslese zum Dessert. Kurt Saffenreuther ist der Part des Küchenmeisters auf den Leib geschrieben. Er hat den Platz am Herd in einer der interessantesten kulinarischen Landschaften geerbt, und der Einfluß des nahen Frankreichs trug zum Verfeinern seiner Küche bei, die insbesondere von den Jüngeren begeistert aufgenommen wird.
Von Kurt Saffenreuther stammen die Rezepte aus dem Kapitel „Mosel und Saar".

Johann Lafer
Lafers Stromburg mit Restaurant Le Val d'Or und Gasthaus Der Deutsche Michel, Stromberg

Johann Lafer ist Fernsehkoch Nr. 1, nicht zuletzt seiner Ausstrahlung wegen und seiner charmanten Art, die hohe Kochkunst auf leicht nachvollziehbare Art darzustellen. Auf dem Bildschirm wie auf der Stromburg ist er der perfekte Gastgeber. Johann Lafer stammt aus der Südsteiermark und machte seine Ausbildung zum Koch in Graz. Seine Wanderjahre führten ihn ins Hotel Schweizer Hof in Berlin, zu Josef Viehauser ins Le Canard in Hamburg, in die Aubergine zu Eckart Witzigmann und zum Zuckerbäcker Gaston Lenôtre nach Paris – um nur die wichtigsten Stationen zu nennen. 1983 wurde er Küchenchef im „Val d'Or" in Guldental, erkochte ihm – als erstes Restaurant in Rheinland-Pfalz – zwei Guide-Michelin-Sterne und wurde 1988 dort Chef. Inzwischen konzentriert er seine Aktivitäten in Stromberg – so ihm die vielen Aktionen, die er anregt und an denen er beteiligt ist, Zeit dazu lassen. Während Johann Lafer im „Val d'Or" eine „Weltküche" auf allerhöchstem Niveau vorstellt, steht der „Deutsche Michel" für die perfekte Umsetzung einer ehrlichen, frischen Küche aus landestypischen Zutaten.
Johann Lafer stellte für uns das Kapitel „Rheinland" zusammen.

Rudolf Hemmerich
Rheinhessen-Stuben, Hahnheim

Rudolf Hemmerich stammt aus einem kleinen Weinbauort. Seine Eltern betrieben dort eine Dorfwirtschaft. Der Sohn besuchte die Fachoberschule für Weinbau (mit Abschluß), machte dann eine Kochlehre im Kurhaus in Wiesbaden und eine Lehre als Konditor. Die Wanderjahre führten ihn nach Frankreich, Österreich und in die Schweiz sowie in verschiedene interessante Küchen Deutschlands, zuletzt ins Hilton in Mainz. 1977 baute er sich die Rôtisserie Gourmandise Rheinhessen-Stuben in Hahnheim auf, die bald eine beliebte Adresse in Rheinhessen wurde. Die Gäste kommen meist aus dem benachbarten Mainz, aber auch das übrige Rheinhessen und Hessen sind Einzugsgebiete.
Rudolf Hemmerich kocht rheinhessisch mit einem internationalen, vorwiegend französischen Flair. Er verarbeitet Produkte von den ortsansässigen Bauernhöfen und Kräuter aus dem eigenen Garten. Die Besonderheiten der Rheinhessen-Stuben sind die Desserts und der Käsewagen. Nach Möglichkeit werden für den Gast die Sterne vom Himmel geholt. Deshalb sind die Rheinhessen-Stuben für geschäftliche und private Einladungen beliebt.
Von Rudolf Hemmerich bekamen wir die Rezepte zum Kapitel „Pfalz und Rheinhessen".

Jörg Mempel
Küchenchef im Restaurant Erfordia in Erfurt

„Der Aufwand, den fast alle deutschen Stämme beim Essen und Trinken treiben, dient ihnen in erster Linie dazu, ihre Sorgen zu vergessen. Nur die Thüringer sind von anderer Art: „Sie essen um des Genießens willen und denken nicht an den kommenden Tag", schrieb Heinrich Heine.
Unter der Voraussetzung, daß Heines Beobachtungen stimmen, muß es eine Freude sein, als Koch in Thüringen zu leben. Jörg Mempel stammt aus Erfurt und erlernte dort auch seinen Beruf. Die Wanderjahre spielten sich in einem kleinen Raum ab: Oberhof, dann als Sous-Chef im Schloßhotel Reinhardsbrunn in Berlin. Nach der Wende ging er nach Hessen und kehrte aber bald wieder nach Erfurt zurück.
Jörg Mempel fühlt sich seiner Thüringer Heimat mental und kulinarisch sehr verbunden. Sein Anliegen ist es, seinen Gästen eine unkomplizierte, frische und leichte Regionalküche zu servieren. Dafür steht aus der Gegend um Erfurt eine reichliche Palette frischer Produkte zur Verfügung. Internationalen Modetrends fühlt er sich weniger verpflichtet als den Wurzeln der Thüringer Kochkunst.
Von Jörg Mempel stammen die Rezepte des Kapitels „Hessen und Thüringen".

Klaus Markert
Küchenchef im Gasthof Weinhaus Stern in Bürgstadt/Main

Ein schmuckes Haus mit weinbelaubter Terrasse im Herzen von Bürgstadt. Eine Speisekarte mit unerhörter Bandbreite und ein guter Service – das sind die Kennzeichen dieses Familienbetriebes. Der Vater schlachtet selbst – man weiß daher, was man hat (und seine köstliche Blutwurst allein ist eine Reise wert).
Zunächst mag man es kaum glauben, daß jemand die unterschiedlichsten Kochstile so gut beherrscht – vom fränkischen Sauerbraten bis hin zum fernöstlich inspirierten Fischgericht. Der skeptische Gast ist jedoch bald überzeugt. Soviel kulinarische Phantasie, soviel Mut und zugleich Fingerspitzengefühl bei der Zusammenstellung, soviel Akkuratesse bei der Auswahl der Zutaten und Liebe bei der Verarbeitung – das findet man selten. Und schon gar nicht zu solch erfreulichen Preisen.
Klaus Markert hat zu diesem Buch eine Handvoll Rezepte aus der fränkischen Küche beigesteuert.

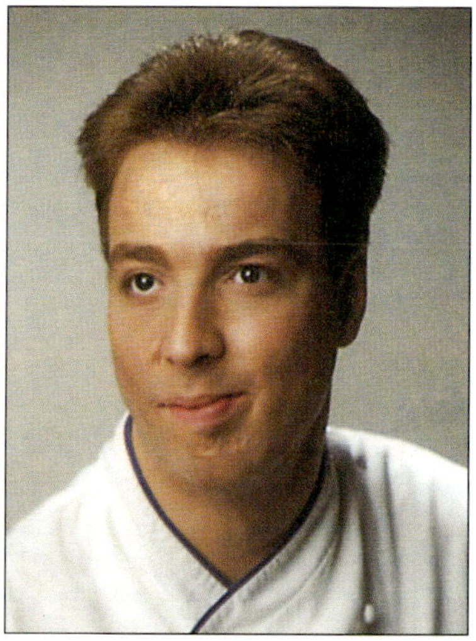

Mario Pattis
Küchenchef im Restaurant Erholung Weißer Hirsch in Dresden

An den schön gelegenen Elbhängen des Nobelviertels Bad Weißer Hirsch kocht Mario Pattis im elterlichen Familienrestaurant. In den kleinen, liebevoll eingerichteten Räumen erlebt man die alten Glanzzeiten des einst weltberühmten Kurortes Bad Weißer Hirsch wieder. Edles Porzellan, Kerzenlicht, bordeauxrote Tischdecken, ein Kamin im Gastraum und eine originelle Deckengestaltung zaubern eine festliche Stimmung in das historische Gebäude von 1861.
Mario Pattis lernte zunächst in einem sächsischen Betrieb. Dann sammelte er Erfahrungen bei namhaften Berufskollegen in der Oberen Linde in Oberkirch, im Colombi in Freiburg und bei Herrn Petermann in den Kunststuben in Küssnacht (Schweiz). Mario Pattis entwickelte, dann wieder zu Hause, zielbewußt eine eigene Gourmetküche hoher Qualität. Trendgemäß war es eine leichte, bürgerliche Küche der Region mit all ihren frischen Produkten. Doch außerdem schaute die Familie in Bibliotheken und Archiven nach, was am sächsischen Hof gespeist wurde. Höfische Speisefolgen wurden variiert und in die leichte Küche eingebracht. Michelin honorierte seine Leistungen im November 1994 mit einem der begehrten Sterne. Im gleichen Jahr wurde er Mitglied des Verbandes Jeunes Restaurateurs.
Mario Pattis zeigt in unserem Buch einen Querschnitt durch die sächsische Küche.

Dieter Wägerle
Restaurant Stumpenhof, Plochingen

Gastlichkeit ist im „Stumpenhof" seit über einem Jahrhundert die Devise. Die gemütliche Einkehrstätte auf Plochingens Höhe befindet sich in der dritten Generation in Familienbesitz. Dieter Wägerle machte das Lokal zum Treffpunkt für Leute, die gutes Essen schätzen und Kreativität zu honorieren gewillt sind. Sein Sohn Uli, der sich in Sterne-Häusern den „letzten Schliff" holte, unterstützt ihn dabei tatkräftig.
Ein sinnliches Genußerlebnis der Extraklasse ist es, was im Stumpenhof auf den Teller kommt. Serviert wird eine leichte Küche mit regionaler Note, wobei Grundprinzipien, wie die Frische der verwendeten Produkte, selbstverständlich sind. Zum Geschmackserlebnis gehört der Wein der Region, aus Württemberg, ergänzt durch solchen aus dem benachbarten Baden. Dieter Wägerle empfiehlt besonders gern die Weine aus dem benachbarten Remstal, überwiegend von Selbstvermarktern und kleinen Genossenschaften.
Immer wieder baten Gäste um Rezepte, so daß Dieter Wägerle eine Sammlung anlegte, aus der das Kapitel „Schwaben" zusammengestellt wurde.

Wilfried Serr
Restaurant Alde Gott, Baden-Baden/Neuweier

Gute Küche entsteht zuallererst da, wo die besten Rohstoffe zur Hand sind. Und da ist der mitten im Baden-Badener Rebland gelegene „Alde Gott", das nach der berühmten Weinlage im benachbarten Sasbachwalden benannte Feinschmecker-Restaurant, eine der ersten Adressen. Dort bringen Inge und Wilfried Serr seit über 16 Jahren eine gekonnte Mischung aus elsässischem Vorbild und reichhaltiger badischer Tradition mit perfekter Freundlichkeit an den Tisch.
Wilfried Serr ist Koch aus Passion. Seine Phantasie, Risikobereitschaft und Kreativität, sein variantenreicher Umgang mit Kräutern, Pilzen und Beeren, nimmt der traditionellen badischen Küche die Schwere. Es läßt sie ein verläßlicher Partner des badischen Weins sein, in Baden und anderswo.
Wilfried Serr stellte die Rezepte für das Kapitel „Baden" zusammen.

Markus Bischoff
Küchenchef des Hotels und Restaurants Der Leeberghof, Tegernsee

Wenn man vom Leeberghof hoch über dem Tegernsee, den Blick auf die bayerischen Alpen genießt und unten das Leben um und auf dem See beobachtet, erscheint das gute Essen eigentlich wie eine Zugabe zu diesem Erlebnis. Der Leeberghof war früher ein Lehen des Klosters Tegernsee. Später wurde er den Tegernseern das liebste Gasthaus. Die Erinnerung an ein gelungenes Essen vor der Kulisse der oberbayerischen Landschaft ist unvergeßlich.
Markus Bischoff, 1962 in Pforzheim geboren, wollte schon mit 10 Jahren Konditor und Koch werden. Nach der Konditorlehre nahm ihn Franz Keller im Schwarzen Adler in Oberbergen unter seine Fittiche. Es folgten die Lehr- und Wanderjahre in Österreich, bei Haeberlin in Illhausern, in Witzigmanns Aubergine in München und bei Bachmair in Rottach-Egern, bis er mit dem Diplom Küchenmeister 1991 die Küche im Leeberghof übernahm.
Seine Küche ist im Winter mehr regional, im Sommer mehr südlich ausgerichtet, mit dem Wunsch, „auf dem deutschen Teppich zu bleiben". Vorbild ist Eckart Witzigmann mit seiner Liebe zur Ehrlichkeit beim Kochen. Die Philosophie beruht auf der Pflege des Eigengeschmacks der Produkte und der harmonischen Verbindung. Markus Bischoff stellte das Kapitel „Bayern" zusammen.

Es ist eine wahrhaft kulinarische Landschaft: Man kann auf die Viehwirtschaft der fetten Marschen rechnen. Die Vierlande direkt vor der Türe liefern frisches Obst und Gemüse, und der Fisch kommt täglich vom Hafen, wo die Ewer und Logger ihn anlanden.

Mitten in diesem Schlaraffenland die Hansestädte Hamburg, Bremen und Lübeck, eine Mischung aus Tradition, Aufgeschlossenheit und Weltoffenheit. Diese schlägt sich nieder in der Vorliebe für exotische Gewürze, für fremde Genüsse und für Mitbringsel und Erinnerungen von Seefahrern und Kaufleuten.

„Die Hamburger essen, was die Engländer essen", schrieb um 1880 ein Reisender. Das ist sicherlich übertrieben und auf die Reeder und Kaufleute gemünzt. Die kleinen Leute, die aus dem bäuerlich geprägten Umland zugezogen waren, bevorzugten die derbe, einfache Kost ihrer Heimat. Diese kam besonders in den Wohnvierteln der Werft- und Hafenarbeiter auf den Tisch. Daraus holen die Köche unserer Tage manche Anregung für einen wohlschmeckenden Eintopf als Abwechslung von der bürgerlichen Küche und um in die Seele des Volkes zu schauen.

Bemerkenswert erscheint dem Unkundigen die norddeutsche Vorliebe für die Geschmacksrichtung „süß-sauer". Hier unterscheidet sich die Küche der „Wasserkante" von der aller anderen deutschen Stämme, sie weist nach Norden. Auch der reichliche, vor allen Dingen frische Fisch und die anderen guten Dinge des Meeres geben der Küche eine Sonderstellung. So ist die Hamburger Aalsuppe, die man als Suppe, als Hauptgang oder Eintopf, als einfaches bodenständiges Gericht ebenso wie als eine raffinierte modische Kreation mehrerer Geschmacksrichtungen genießen kann, typisch für diese Küche.

So wandelbar die Küche ist, so viel Platz ist für Wein als Tischgetränk neben dem Bier und dem angestammten Köhm. Das trifft nicht nur auf die feine Küche der Großbürger zu – die Hansestadt Bremen hat mit ihrem Ratskeller ein gutes Stück Weintradition – sondern auch auf den unpretentiösen Alltag. Man findet neue Rezepturen für traditionelle Gerichte, die den veränderten Lebensformen entsprechen, ißt und trinkt dazu leicht, frisch und unbeschwert. Immer auf der Suche nach neuen Geschmackserlebnissen und Genüssen.

Scholle nach Art der Finkenwerder Fischer

Zubereitungszeit: etwa 30 Minuten

Sie benötigen für 4 Personen

4 sehr frische mittelgroße Schollen (ohne Köpfe, küchenfertig)
Saft von 1 Zitrone
etwas Salz
150 g Mehl
200 g fetten Speck
$^{1}/_{8}$ l Öl
1 Bund Petersilie
1 Zitrone

So wird's gemacht

1. Von den Schollen die Schwänze abschneiden. Die Fische unter kaltem Wasser abspülen, mit Zitronensaft beträufeln, salzen und im Mehl wenden. Loses Mehl gut abklopfen.

2. Den Speck fein würfeln, in einer großen Stielpfanne anbraten, dann herausnehmen. Das Öl in die Pfanne gießen und die Schollen darin in etwa 6 Minuten von jeder Seite knusprig braten. Die Fische dabei ständig mit Bratfett begießen.

3. Die Schollen abtropfen lassen und mit den Speckgrieben bestreut auf vorgewärmten Tellern anrichten. Die Petersilie waschen und hacken, die Zitronen in Scheiben schneiden. Die Fische damit garnieren.

Beilage

Dazu gehört Kartoffelsalat.

Weinempfehlung

Der fette Speck, kroß angebraten, bestimmt das Gesamtbild. Da kann nur ein gehaltvoller Wein mit buttrig-nussiger Note bestehen. Ebenbürtige Partner sind saftige, trockene Grauburgunder oder Chardonnay Spätlesen sowie sehr reife Riesling Auslesen.

Hamburger Aalsuppe

Zubereitungszeit: etwa 2 3/4 Stunden

Sie benötigen für 6 bis 8 Portionen

Für die Suppe

- 2 kg Schinkenknochen mit Parüren (Fleischabschnitten)
- 3 l Wasser
- 1 Zwiebel
- 1 Bund Suppengrün
- 1 Bund Aalkräuter (siehe rechts)
- 150 g Backobst
- 2 Stangen Lauch
- 2 Möhren
- 1 kleine Sellerieknolle
- 300 g Aal (küchenfertig filetiert, ohne Haut)
- etwas Salz
- weißen Pfeffer aus der Mühle
- etwas Zucker
- 2 EL Weißweinessig
- 3 EL Johannisbeergelee
- 1 bis 2 Äpfel
- 150 g entsteinte Kurpflaumen

Für die Schwemmklößchen

- 1/4 l Wasser
- 80 g Butter
- 1 Prise Salz
- etwas geriebene Muskatnuß
- 125 g Mehl
- 3 frische Eier

So wird's gemacht

1. Die Knochen zerkleinern und in einem Topf mit 3 l Wasser aufsetzen. Die Zwiebel schälen und grob würfeln, das Suppengrün und die Aalkräuter waschen, putzen und zerkleinern. Gemeinsam mit dem Backobst zu den Knochen geben. Alles etwa 2 Stunden zugedeckt köcheln lassen.
2. Derweil Lauch, Möhren und Sellerie putzen, eventuell schälen, waschen und in Streifen oder Rauten schneiden. Den Aal in 2 cm lange Stücke schneiden.
3. Die Knochenbrühe passieren und entfetten. Mit Salz, Pfeffer, Zucker, Essig und Johannisbeergelee abschmecken. Die Brühe erneut zum Kochen bringen und das Gemüse sowie die Aalstücke in ungefähr 20 Minuten langsam darin garziehen lassen.
4. Für die Klößchen 1/4 l Wasser mit Butter, Salz und Muskat zum Kochen bringen. Von der Kochstelle nehmen und das Mehl auf einmal hineingeben. Alles mit einem Holzlöffel zu einem glatten Teig verrühren. Etwas abkühlen lassen und nacheinander die Eier unterrühren. Der Teig muß jedesmal glatt sein, bevor das nächste Ei hinzukommt. Dann mit 2 nassen Teelöffeln kleine Klöße abstechen. 1 l Wasser zum Kochen bringen, salzen und die Klößchen darin 10 Minuten bei milder Hitze ziehen lassen.
5. Die Äpfel schälen, die Kerngehäuse ausstechen und die Äpfel in kleine, dünne Scheiben schneiden. Sie mit den Pflaumen in die Suppe geben. Zum Schluß die fertigen Schwemmklößchen hinzufügen.
(auf dem großen Foto)

Beilage
Hierzu paßt Bauernbrot.

Weinempfehlung

Das Aroma wird geprägt durch Kräuterwürze und deutlich süß-sauren Geschmack. Säurereiche Weine sind hier fehl am Platz. Feinblumige, geschmeidige Weißweine mit schmeckbarer Süße hingegen sind wertvolle Ergänzungen: halbtrockene Riesling Spätlesen aus den südlichen Anbaugebieten, saftiger Gutedel oder herzhafter Rivaner (Müller-Thurgau) Kabinett aus Franken.

KULINARISCHES

Die Aalsuppe, ein typisch Hamburger Gericht, in dem sich die Geschmacksrichtungen „süß" und „sauer" in unnachahmlicher Art verbinden, ist ohne Aalkräuter nicht zuzubereiten. Während diese in der Saison in Hamburg an jedem Marktstand in der richtigen Zusammensetzung erhältlich sind, müssen sie im Binnenland mühsam einzeln beschafft werden: Petersilie, Schnittlauch, Dill, Estragon, Salbei, Bohnenkraut, Kerbel, Thymian, Basilikum und Majoran. Die Auswahl variiert jedoch nach den Jahreszeiten. Von den vielen verschiedenen Aalsuppen-Rezepten, an denen in Hamburg kein Mangel herrscht, präsentieren wir Ihnen hier das bewährte aus dem Fischereihafen-Restaurant.

Lachsfilet mit Sauerkrautkruste in Zitronen-Kapern-Butter

Zubereitungszeit: etwa 1 1/4 Stunden

Sie benötigen für 4 Portionen

- 200 g Sauerkraut
- wenig Wasser
- 3 EL Crème fraîche
- etwas Salz
- weißen Pfeffer aus der Mühle
- etwas Zucker
- 800 g Lachsfilet
- 1/8 l Fischfond (Fertigprodukt)
- 100 g kalte Butterstücke
- Saft von 1 Zitrone
- 1 Tomate
- 1/2 Bund glatte Petersilie
- 1 geh. TL kleine Kapern

So wird's gemacht

1. Das Sauerkraut mit wenig Wasser etwa 45 Minuten garen, abkühlen lassen.
2. Den Backofen auf 200° C Oberhitze vorheizen. Das Sauerkraut mit der Crème fraîche pürieren. Mit Salz, Pfeffer und Zucker abschmecken.
3. Das Lachsfilet in 4 gleichgroße Teile schneiden und mit der Sauerkrautmasse 1/2 cm dick bestreichen. Im Ofen 8 bis 10 Minuten garen.
4. Inzwischen für die Sauce den Fischfond auf die Hälfte einkochen. Die kalten Butterstücke mit dem Mixstab darunterschlagen. Mit Salz, Pfeffer und Zitronensaft abschmecken.
5. Die Tomate enthäuten, halbieren, entkernen und würfeln. Die Petersilie waschen und fein hacken. Kapern, Tomatenwürfel und Petersilie in der Sauce erhitzen. Nicht aufkochen lassen.
6. Den Fisch auf vorgewärmten Tellern anrichten. Die Sauce angießen.

(auf dem großen Foto: links)

Beilagen

Kartoffeln und feine Gemüsestreifen

Weinempfehlung

Lachs hat einen sehr intensiven Geschmack. Sauerkraut liefert weiche Säure, Kapern geben der Sauce einen eigenwillig pikanten Geschmack. Die zu diesem Gericht gereichten Weine sollten daher etwas säuregeprägt sein, ein durch Reife geprägtes Bukett haben und ausreichend Körper besitzen. Ideale Voraussetzungen dafür haben trockene Riesling Spät- oder Auslesen auf dem Höhepunkt ihrer Reife und reife Weißburgunder Kabinett oder Spätlesen.

Labskaus „Seemanns-Art“

Zubereitungszeit: etwa 1 3/4 Stunden

Sie benötigen für 4 Portionen

- 800 g Pökelfleisch vom Rind
- 1 Zwiebel (gespickt mit
- 1 Lorbeerblatt und 2 Nelken)
- 3 l Wasser
- 2 Gewürzgurken
- 75 g eingelegte rote Beten
- 2 große Zwiebeln
- 100 g Butter
- 1 kg Kartoffeln
- etwas Salz
- 1 EL schwarze Pfefferkörner
- 4 oder 8 Eier

So wird's gemacht

1. Das Pökelfleisch mit der gespickten Zwiebel in 3 l Wasser etwa 1 1/2 Stunden bei mittlerer Hitze kochen.

2. Inzwischen die Gewürzgurken und die roten Beten in Würfel schneiden. Die Zwiebeln schälen und ebenfalls würfeln. Die Butter erhitzen und Gurken, Zwiebeln und rote Beten darin andünsten.

3. Etwa 40 Minuten vor Ende der Garzeit des Fleisches die Kartoffeln schälen, waschen und in Salzwasser etwa 25 Minuten kochen.

4. Das gegarte Rindfleisch in kleine Stücke schneiden und zu den Gurken geben. 1/2 l Pökelfleischfond angießen. Die Pfefferkörner zerdrücken und dazugeben. Alles mit Salz abschmecken und kurz durchkochen lassen.

5. Die Kartoffeln durch eine Kartoffelpresse drücken, unter die anderen Zutaten mischen und alles nochmals kurz kochen lassen. Die Eier in wenig Butter zu Spiegeleiern braten.

6. Das Labskaus auf heißen Tellern anrichten. Die Spiegeleier darauf geben.

(auf dem großen Foto: rechts)

Beilagen

Matjesfilets und eingelegte rote Beten runden den Geschmack angenehm ab

HISTORISCHES

Labskaus ist ein Gericht, der christlichen Seefahrt, als man noch mit Segelschiffen die Weltmeere kreuzte. Seine Hauptbestandteile Pökelfleisch, Kartoffeln und Salzhering gehörten damals zum kaum verderblichen Proviant. Nach einer sozialen Stufenleiter wurde festgelegt, wieviel von dem teuren Pökelfleisch und dem damals billigen Salzhering jeder bekam (Kapitänslabskaus bestand nur aus Ochsenbrust, Kartoffeln und Gewürzen). Das Spiegelei auf dem Labskaus stammte von den Hühnern an Bord, die zum Ende der Reise dann in den Topf wanderten. Man glaubte, sich so durch Frischeier und Frischgeflügel gegen den gefürchteten Skorbut schützen zu können. Unser Rezept ist eine moderne Labskaus-Version Wolf-Dieter Klunkers vom Fischereihafen-Restaurant in Hamburg.

Weinempfehlung

Salziges Pökelfleisch, saure Gurken und süßsaure rote Beten zielen auf halbtrockene, säurebetonte Weine, wie sie uns die Königin der Weißweinrebe als filigrane Rieslinge Kabinett oder Spätlesen in reicher Auswahl liefert.

Hamburger Pfannfisch

Zubereitungszeit: etwa 1 1/4 Stunden

Sie benötigen für 4 Portionen

Für die Kartoffeln

600 g kleine Kartoffeln
400 g Zwiebeln, 100 g fetten Speck
etwas Salz
2 EL gehackte Petersilie

Für den Fisch

1 Stück Sellerieknolle (etwa 60 g)
1 Stange Lauch
1/2 l Wasser, 1/2 l Weißwein
1 Lorbeerblatt, 2 Nelken
6 Pfefferkörner, 6 Pimentkörner
etwas Salz
750 g Kochfischfilets
(Goldbarsch, Heilbutt oder Steinbutt)

Für die Sauce

150 g Senf
3 frische Eigelbe
125 g süße Sahne
125 g kalte Butter, in Flöckchen
weißen Pfeffer aus der Mühle
1 Prise Zucker
Saft von 1/2 Zitrone

So wird's gemacht

1. Die Kartoffeln in der Schale kochen, abgießen und pellen.
2. Für den Sud Sellerie und Lauch putzen, waschen und kleinschneiden. Mit 1/2 l Wasser, Wein und den Gewürzen aufkochen und alles etwa 1/2 Stunde köcheln lassen.
3. Die Zwiebeln schälen und in Scheiben schneiden. Den Speck würfeln. Die gekochten Kartoffeln und die Zwiebeln in dem ausgelassenen Speck goldbraun braten.
4. Den Fisch in große Stücke schneiden und im Sud in etwa 15 Minuten garziehen lassen. Den Fisch warm stellen.
5. Für die Sauce die Hälfte des Fischsuds durch ein Haarsieb gießen und etwas einkochen lassen. Den Senf hineinrühren. Die nicht mehr kochende Sauce mit dem Eigelb und der süßen Sahne binden. Die Butterflocken darunterschlagen. Die Sauce mit Pfeffer, Zucker und Zitronensaft abschmecken.
6. Die Petersilie auf die Bratkartoffeln streuen. Den Fisch in mundgerechte Stücke zerteilen und darauf anrichten. Die Senfsauce getrennt dazu reichen.

Beilage

Dazu schmeckt ein Salat sehr gut, der wegen der Senfsauce ebenfalls geschmacksbetont sein muß, also die verschiedenen Sorten grüner Salate sowie Bohnen- oder Gurkensalat.

Weinempfehlung

Die konzentrierte Senfsauce allein bestimmt die Weinauswahl. Der Schärfe des Senfs und dem hohen Fettgehalt der Sauce begegnet man bestens mit etwas säurebetonten und sehr gehaltvollen trockenen Weißweinen von Weiß- und Grauburgunder. Eine sanfte Barriquenote kann vorteilhaft sein.

Bohnen, Birnen und Speck

Zubereitungszeit: etwa 1 1/4 Stunden

Sie benötigen für 4 Portionen
375 g durchwachsenen Speck
750 g grüne Bohnen
750 g Kartoffeln
2 Zweige Bohnenkraut
500 g Kochbirnen
etwas Salz
schwarzen Pfeffer aus der Mühle
1 Bund Petersilie

So wird's gemacht

1. Den Speck in 1/2 l Wasser etwa 1/2 Stunde bei geringer Hitze köcheln lassen.

2. Derweil die Bohnen waschen, putzen und in 3 cm lange Stücke schneiden. Die Kartoffeln schälen und in Scheiben schneiden.

3. Bohnen und Kartoffeln zum Speck geben. Das Bohnenkraut waschen und darauf legen. Alles etwa 20 Minuten schwach kochen.

4. Die Birnen waschen, halbieren und entkernen. Auf die Bohnen und die Kartoffeln legen und alles weitere 20 Minuten garen. Mit Salz und Pfeffer würzen.

5. Den Speck herausnehmen, in Scheiben schneiden und mit dem Eintopf anrichten. Die Petersilie waschen, trockentupfen, fein hacken und auf das Gericht streuen.

Variation

Sie können die Kartoffeln auch getrennt kochen und zum Gericht servieren.

Tip

Nehmen Sie für dieses Gericht unbedingt Kochbirnen (nicht schälen!). Sie sind hart und haben nicht das den Birnen sonst eigene fruchtige Aroma, und das Hamburger Traditionsgericht gelingt nur mit ihnen. Kochbirnen sind auch unter dem Namen „Augustbirnen" bekannt.

Weinempfehlung

Herzhaft, süßlich und herb ist das Konzept. Die dazu gereichten Weine sollten ähnliche Komponenten aufweisen. Etwas bukettbetonte, mittelkräftige, trockene bis halbtrockene Weißweine mit verhaltener Säure, wie Kabinett und Spätlesen von Rivaner (Müller-Thurgau) und Silvaner aus Franken, aber auch die vielseitigen Weine von Bacchus und Kerner können geeignet sein.

ANEKDOTE

Rindfleisch und Pflaumen sind ein Gericht, das sogar in die Literatur eingegangen ist. Bei Fritz Reuter, dem mecklenburgischen Heimatdichter, ist nachzulesen, wie sich ein Lehrling über das schlechte Essen bei seinem Lehrherrn beklagt. Der fragt empört: „Rindfleisch un Plummen is't en slicht Gericht?", worauf der Lehrling antwortet: „Rindfleisch un Plummen, die krig't man nicht."

Weinempfehlung

Die vorwiegend süßen Pflaumen sind tonangebend und erschweren die Weinauswahl. Intensiv schmeckende Weißweine mit eleganter Süße, aber auch milde, gerbstoffarme und bukettbetonte Rotweine können angenehme Partner sein, z.B. ein sanfter, etwas an Honig erinnernder Ruländer, eine gereifte Trollinger oder eine Frühburgunder Spätlese.

Rindfleisch und Pflaumen

Quellzeit: über Nacht
Zubereitungszeit: etwa 2 Stunden

Sie benötigen für 4 Portionen

Für Pflaumen und Fleisch

300 g Backpflaumen
$^{1}/_{2}$ l Wasser
1 kg durchwachsenes Rindfleisch
etwas Salz
1 kleine Zwiebel
1 Lorbeerblatt
3 Pimentkörner
1 Bund Suppengrün

Für die Sauce

2 bis 3 Zwiebeln
4 EL Butter
etwa 3 EL Mehl
etwas Salz
schwarzen Pfeffer aus der Mühle

So wird's gemacht

1. Die Backpflaumen am Vorabend in $^{1}/_{2}$ l Wasser einweichen.
2. Am nächsten Tag 2 l Wasser zum Kochen bringen, salzen. Das Rindfleisch in den Topf geben und abschäumen.
3. Die Zwiebel schälen und vierteln. Mit den Gewürzen zum Fleisch geben und es $1^{1}/_{2}$ Stunden auf kleiner Hitze köcheln lassen. Das Suppengrün putzen, waschen und unzerkleinert nach 1 Stunde Garzeit dazugeben. Zum Schluß das Suppengrün wieder herausnehmen.
4. Die Pflaumen mit dem Einweichwasser zum Fleisch geben und alles weitere 20 Minuten köcheln lassen.
5. Für die Sauce die Zwiebeln schälen und fein würfeln. Die Butter in einem Topf zerlassen, die Zwiebeln darin glasig dünsten. Mit dem Mehl überstäuben und dieses gut durchschwitzen. $^{1}/_{2}$ l der durchgesiebten Fleischbrühe unter Rühren dazugeben. Die Sauce mit Salz und Pfeffer würzen und etwa 10 Minuten durchkochen.
6. Das Rindfleisch aus der Brühe nehmen, in Scheiben schneiden und auf einer vorgewärmten Platte mit den Pflaumen umlegt anrichten. Dazu die Zwiebelsauce reichen.

Beilage
Salzkartoffeln passen gut dazu.

Mecklenburger Gänsebraten mit Maronen

Quellzeit: über Nacht
Zubereitungszeit: etwa $3^{1}/_{2}$ Stunden

Sie benötigen für 6 bis 8 Portionen

Für die Gans

250 g Backpflaumen
1 küchenfertige Gans (etwa 4 kg)
etwas Salz
500 g Äpfel (Boskop)
etwas Salzwasser

Für die Maronen

200 g Maronen (Eßkastanien)
4 EL Butter
1 EL Zucker
$^{1}/_{4}$ l Fleischbrühe (Fertigprodukt)

Für die Sauce

2 EL süße Sahne
etwas Salz
weißen Pfeffer aus der Mühle

So wird's gemacht

1. Die Backpflaumen in 1 l Wasser über Nacht einlegen.
2. Am nächsten Tag die Gans unter fließendem Wasser waschen, trockentupfen und innen sowie außen mit Salz einreiben. Den Backofen auf 200° C vorheizen.
3. Die Äpfel schälen, entkernen und in Spalten schneiden. Die Backpflaumen abtropfen lassen und entkernen. Äpfel und Pflaumen mischen und die Gans damit füllen. Die Öffnungen mit Holzspießchen verschließen. Flügel und Keulen am Körper festbinden.
4. Die Gans im Backofen braten. Sie dazu mit der Brust nach unten in eine mit $^{1}/_{2}$ l Wasser gefüllte Fettpfanne legen und etwa 1 Stunde braten. Die Gans wenden und noch etwa 1 Stunde weiterbraten. Die Haut dabei mehrmals anstechen, damit das Fett ausbrät. Zuletzt etwas Salzwasser auf die Haut streichen und die Hitze erhöhen, damit die Haut schön knusprig wird.
5. Die Gans auf eine Platte setzen und im Backofen warm halten.
6. Jede Marone einmal kreuzweise einschneiden. Die Kastanien etwa 15 Minuten in $^{3}/_{4}$ l Wasser kochen, dann abschrecken und schälen.

7. In einem Topf Butter und Zucker schmelzen. Die Maronen hineingeben. Die Fleischbrühe erhitzen und dazugeben. Etwa 15 Minuten garen.
8. Den Bratfond in der Fettpfanne mit etwas Wasser loskochen. Das Fett abschöpfen. Die Sauce mit der Sahne binden, salzen und pfeffern.
(auf dem Foto)

Beilagen
Salzkartoffeln und Rotkohl

Weinempfehlung

Die Fetthaut der Gans, das Obst und der Rotkohl, all das vermittelt ein barockes und etwas von Süße getragenes Geschmacksbild, so wie reife und gehaltvolle Rotweine, deren Gerbstoff nicht mehr vordergründig wirkt.Trockene bis halbtrockene Spätburgunder, Lemberger und Dornfelder Spätlesen, etwa fünf Jahre alt, sorgen für Harmonie.

Büsumer Krabbenrührei

Zubereitungszeit: etwa 15 Minuten

Sie benötigen für 4 Portionen
- 4 EL Butter
- 1 kleine Zwiebel
- 250 g Krabbenfleisch
- 4 frische Eier
- 3 EL Wasser
- etwas Salz
- Paprikapulver edelsüß
- 1 Bund Schnittlauch

So wird's gemacht
1. Die Butter in einer Pfanne erhitzen. Die Zwiebel schälen, in feine Würfel schneiden und in der Butter andünsten.
2. Das Krabbenfleisch zu Butter und Zwiebel in die Pfanne geben.
3. Die Eier mit dem Wasser verquirlen und mit Salz sowie Paprikapulver würzen. Über die Krabben geben und unter Rühren bei milder Hitze stocken lassen.
4. Den Schnittlauch waschen, trockentupfen und Röllchen schneiden. Auf das Rührei streuen.

Beilage
Dazu paßt Bauernbrot. Zusammen mit Salzkartoffeln ergibt das Rührei ein leichtes Hauptgericht.

Tip
Das Büsumer Krabbenrührei ist ein Imbiß, den Sie zum Wein reichen sollten.

Weinempfehlung

Zum Krabbenrührei passen zarte, trockene bis halbtrockene Kabinettweine von Riesling oder Silvaner.

Das Land hat eine deftige Küche, zu deftig für die Zeitgenossen, die an Schreibtisch und Computer hocken und nach Feierabend die Sünden falscher Ernährung abjoggen. So haben wir manche Spezialität des Landes unterschlagen. Denken Sie nur an Dicke Bohnen mit Speck, an den Westfälischen Schinken, an Sauer- und Zwiebelfleisch, an Speckpfannkuchen und an alle Köstlichkeiten des Schlachttages.
Trotzdem muß der Liebhaber der leichteren Küche nicht zurückstehen. Da ist beispielsweise der Spargel zu nennen, ob in seiner Hochburg Braunschweig genossen oder anderwärts. Moderne Transportmittel machen es möglich, ihn fast überall frisch zu bekommen. Aber die Atmosphäre der speziellen Lokale, wo man zur Spargelzeit nur gefragt wird: „Mit Schinken oder Schnitzel?" findet man nur im Braunschweiger Land. Die Heidschnucken bilden eine Besonderheit des Landes, wie abseits der „Mastfabriken" erzeugtes Fleisch, insbesondere vom Lamm, sich steigender Beliebtheit erfreut.
Blicken wir nun einmal auf die Tradition der Ruhrgebietsküche: Im Ruhrgebiet, wo der Schornstein rauchte, gab es damals Arbeit und es war Geld zu verdienen. Das Ruhrrevier zog in dieser Zeit nicht nur Menschen aus dem näheren Umkreis, aus dem Münsterland und dem Sauerland an. Die Menschen kamen auch von weither, aus Ostpreußen, Posen und Schlesien, und brachten ihre Rezepte mit. So ist die Pommersche Geflügelsuppe, um nur ein Beispiel zu nennen, Bestandteil jedes lokalen Kochbuchs. Auch Himmel und Erde und Königsberger Klopse brutzeln in vielen Töpfen zwischen Duisburg und Dortmund.
Mancherlei Bodenständiges aus dieser Region verdient, nicht im aus-

tauschbaren kulinarischen Einerlei unterzugehen: der Lippische Pickert, die Münsterländer Töttchen (die eine Art rustikales Ragout fin darstellen) und die Soppen (nicht Suppen, es handelt sich weder um einen Druckfehler, noch um eine Sprachschlamperei), das ist „eingebrocktes" altbackenes Brot oder Brötchen, das mit Speck und Eiern oder süß mit Zucker und Zimt zubereitet wird.

Münsterländer Zwiebelfleisch

Zubereitungszeit: etwa 3 1/2 Stunden

Sie benötigen für 4 Portionen

Für das Fleisch

- 1 kg Ochsenknochen
- (Sand- und Markknochen)
- 2 l Wasser
- 1 kg Ochsenbrust ohne Knochen
- 1 Zwiebel
- 1 EL Öl
- 1 Bund Suppengrün
- 1 Lorbeerblatt
- 6 Pfefferkörner
- etwas Salz

Für die Sauce

- 3 Zwiebeln
- 2 EL Butter
- 1 EL Zucker
- 5 EL Weißweinessig
- 2 EL Mehl
- 250 g süße Sahne
- etwas Salz

So wird's gemacht

1. Zunächst 1 1/2 l Wasser zum Kochen bringen und die Knochen darin blanchieren. Sie kalt abspülen und mit 2 l kaltem Wasser aufsetzen. Es langsam zum Kochen bringen, dann abschäumen.

2. Die Ochsenbrust ins Wasser geben und bis zum erneuten Kochen abschäumen. Notfalls noch etwas kaltes Wasser dazugeben.

3. Die Zwiebel schälen, würfeln und im heißen Öl andünsten. Das Suppengrün putzen, waschen und kleinschneiden. Mit der Zwiebel und den Gewürzen zum Fleisch geben. Dieses zugedeckt in 2 bis 3 Stunden weich kochen. Das Fleisch herausnehmen und warm stellen. Die Brühe zur Seite stellen.

4. Für die Sauce die Zwiebeln schälen, fein hacken und in der Butter farblos andünsten. Den Zucker dazugeben und schmelzen lassen. Mit einem Teil des Essigs ablöschen. Dann das Mehl unter Rühren hinzugeben und anschwitzen. 3/4 l der Fleischbrühe unter Rühren angießen.

5. Die Sauce kurz aufkochen, die süße Sahne dazugeben und die Sauce nochmals abschmecken. Sie sollte ein pikantes, süß-saures Aroma haben.

6. Das Rindfleisch in Scheiben schneiden und in der restlichen Brühe warm halten. Die Sauce getrennt dazu reichen.

(auf dem großen Foto: links)

Beilage

Münsterländer Zwiebelfleisch war früher der traditionelle Zwischengang bei einem Hochzeitsessen. Es wurde dann Kartoffelsalat dazu gereicht.
Zu weniger festlichen Gelegenheiten serviert man Salzkartoffeln, etwas Saures oder einen Salat dazu.

Weinempfehlung

Die deutlich pikante, süß-saure Sauce braucht einen mild-würzigen Wein mit kräftigem Körper und dezenter Säure. Halbtrockener Badisch Rotgold oder Schillerwein sind deshalb besonders angenehme Begleiter.

Pfefferpotthast

Zubereitungszeit: etwa 1 3/4 Stunden

Sie benötigen für 4 Portionen

- 1 kg Rindfleisch vom Bug
- 500 g Zwiebeln
- 50 g Schweineschmalz
- 2 Lorbeerblätter
- 5 Nelken
- 1 TL Pfefferkörner
- etwas Salz
- 1 l Fleischbrühe
- etwas Paniermehl
- 2 EL Kapern
- 2 EL Weinessig

So wird's gemacht

1. Das Fleisch in etwa 3 cm große Würfel schneiden. Die Zwiebeln schälen und würfeln.

2. Das Schmalz in einem großen Topf erhitzen und das Fleisch darin gut anbraten. Die Zwiebeln mit den Gewürzen dazugeben und kurz anbraten. Alles mit 1 l Fleischbrühe auffüllen und etwa 1 1/2 Stunden zugedeckt köcheln lassen.

3. Etwas Paniermehl in das Ragout einrühren, damit es sämig wird. Die Kapern dazugeben und den Potthast mit Essig abschmecken.

(auf dem großen Foto: rechts)

Beilagen

Zum Pfefferpotthast ißt man einfach Brot oder Salzkartoffeln und etwas Saures, zum Beispiel eingelegte rote Beten.

HISTORISCHES

Woher der Name Pfefferpotthast kommt? Die Bezeichnung „Pfeffer" bezieht sich nicht auf das Gewürz (obwohl es bei diesem Gericht nicht fehlen darf, sondern besagt, daß es sich um ein Gericht aus Fleischstücken handelt, wie ein Ragout oder ein Gulasch. Und der Wortteil „Hast" wird mit geschmort übersetzt. Aber von dem exotisch klingenden Namen abgesehen: Der Pfefferpotthast ist ein alter westfälischer (besonders Dortmunder) Festtagsschmaus, der bei Volksfesten ebenso beliebt ist wie bei offiziellen Empfängen.

Weinempfehlung

Die Röststoffe vom scharf angebratenen Fleisch, der süßliche Geschmack der geschmorten Zwiebeln, die pikante Würze der Kapern und die Säure des Essigs werden von der sämigen Sauce eingebunden. Säuremilde, leichte Roséweine oder etwas gehaltvolle helle Burgunderweine, trocken bis halbtrocken, nehmen diese Geschmackskomponenten auf und verstärken den Genuß.

Rindfleisch mit Meerrettich-Rosinen-Sauce

Zubereitungszeit: etwa 1¾ Stunden

Sie benötigen für 4 Portionen

1 l Wasser
etwas Salz
750 g Rindfleisch zum Kochen (Querrippe oder Keule)
1 Bund Suppengrün
100 g kernlose Rosinen
4 EL Butter
4 EL Mehl
¼ l Milch
1 kleine Stange Meerrettich (etwa 120 g)
etwas Salz
schwarzen Pfeffer aus der Mühle

So wird's gemacht

1. Gut 1 l Wasser in einem Topf zum Kochen bringen, salzen und das Fleisch hineingeben. Das Suppengrün putzen, waschen, kleinschneiden und dazugeben.

2. Das Fleisch zugedeckt etwa 90 Minuten kochen, es dabei mehrmals abschäumen. Inzwischen die Rosinen für etwa 30 Minuten in etwas Wasser einweichen.

3. Das fertig gegarte Fleisch aus der Brühe nehmen und warm stellen.

4. Für die Sauce die Butter schmelzen lassen und das Mehl darin unter Rühren anschwitzen. Mit der Milch und ¼ l der Fleischbrühe ablöschen und kurz durchkochen lassen. Die Rosinen abtropfen lassen, hineingeben und die Sauce kurz aufkochen. Dann den geschälten Meerrettich in die Sauce reiben. Mit Salz und Pfeffer abschmecken.

5. Das Fleisch in 1 cm dicke Scheiben schneiden, auf einer Platte anrichten und etwas Brühe über das Fleisch gießen. Die Sauce getrennt dazu reichen.

(auf dem Foto oben)

Beilagen

Dazu gibt es üblicherweise Salzkartoffeln und Salat.

Weinempfehlung

Bei keiner Sauce ist die Gefahr so groß, bei der Weinauswahl daneben zu greifen, wie bei der Meerrettichsauce. Die verwendeten Rosinen machen die Auswahl auch nicht leichter. Die Schärfe des Meerrettichs verträgt sich gut mit der Säure des Weines. Hoher Alkoholgehalt verstärkt wiederum die Schärfe und das süße Geschmacksbild der Sauce. Dies kann dazu führen, daß der Wein zu trocken wirkt. Deshalb sollte auch der Freund sehr trockener Weine eher zu halbtrockenen bis lieblichen Kabinettweinen junger Rieslinge greifen.

Der mäßige Alkohol, die feinrassige Säure, das fruchtige Bukett und die verhaltene Würze binden das angenehm süß-scharfe Geschmacksbild und unterstützen das Aroma des Rindfleischs vortrefflich.

Heidschnuckenbraten

Zubereitungszeit: etwa 2 Stunden

Sie benötigen für 4 Portionen

- 1 Heidschnuckenrücken von
- 1 kg Gewicht (ohne Knochen)
- etwas Salz
- schwarzen Pfeffer aus der Mühle
- 2 Zwiebeln, 2 Möhren
- 100 ml Öl
- etwas Wasser
- 2 Lorbeerblätter, 2 Nelken
- 1 TL Pfefferkörner
- 1 TL Wacholderbeeren
- 1 Becher saure Sahne (125 g)

So wird's gemacht

1. Den Ofen auf 200° C vorheizen. Das Fleisch salzen und pfeffern.
2. Die Zwiebeln schälen, die Möhren putzen und waschen. Beides fein würfeln. Das Öl in einem Bräter erhitzen und das Fleisch von allen Seiten gut anbraten. Mit etwas Wasser ablöschen. Zwiebeln, Möhren und Gewürze dazugeben.
3. Das Fleisch im Backofen etwa 1 1/2 Stunden braten. Es dabei öfter mit dem Bratensaft beschöpfen. Dann herausnehmen und auf einer Platte warm stellen.
4. Den Bratfond mit der sauren Sahne loskochen. Die Sauce durchseihen und mit Salz sowie Pfeffer abschmecken.
5. Den Heidschnuckenbraten in Scheiben schneiden und auf einer vorgewärmten Platte anrichten. Die Sauce gesondert dazu reichen.
(auf dem Foto rechts)

Beilagen

Servieren Sie Salzkartoffeln, Rotkohl und mit Preiselbeeren gefüllte Birnenhälften (siehe Seite 116).

Weinempfehlung

Heidschnuckenfleisch ist besonders zart und mild im Geschmack. Die Weinauswahl darf sich deshalb stärker an den Beilagen (Rotkohl) orientieren. Burgundersorten sind besonders geeignet. Mittelkräftig, gut gereift und trocken sollten sie sein.

Himmel und Erde

Zubereitungszeit: etwa 45 Minuten

Sie benötigen für 4 Portionen

- 1 kg Kartoffeln
- etwas Salz
- 1 kg Äpfel (Boskop)
- etwas Zucker
- 150 g Speck
- 4 EL Margarine
- 500 g Blutwurst

So wird's gemacht

1. Die Kartoffeln schälen, waschen und in Salzwasser kochen. Dann fein stampfen.
2. Die Äpfel schälen, die Kerngehäuse entfernen und die Äpfel in kleine Stücke schneiden. Diese in 375 ml Wasser zu einem stückigen Mus kochen.
3. Kartoffeln und Äpfel miteinander verrühren und aufkochen. Mit Salz und Zucker abschmecken und warm stellen.
4. Den Speck würfeln und in einer Pfanne braten, bis er Farbe annimmt. Auf den Kartoffel-Apfel-Brei geben.
5. Die Margarine in der Pfanne zerlassen. Die Blutwurst in 1 cm dicke Scheiben schneiden und im Fett von beiden Seiten knusprig braten. Auf dem Kartoffel-Apfel-Brei anrichten.

Weinempfehlung

Süß-saure Äpfel und feine Blutwurst: eine Herausforderung für den Kellermeister. Die Wahl der Apfelsorte sowie der Fettgehalt und die Würze der Wurst sind zu beachten. Sehr fruchtbetonte Weißweine mit deutlicher Süße, aber auch ausreichender Würze bieten die besten Aussichten für eine gelungene Harmonie. Wir empfehlen sehr reife Riesling Spätlesen und saftige Ruländer, aber auch halbtrockene Gewürztraminer.

Kleine Frikadellen mit Bohnenragout

Zubereitungszeit: etwa 1 Stunde

Sie benötigen für 4 Portionen

Für die Frikadellen

1 altbackenes Brötchen
2 Stangen Lauch
600 g Hackfleisch halb und halb
2 frische Eier
etwas Salz, schwarzen Pfeffer
geriebene Muskatnuß
3 EL Öl

Für das Bohnenragout

400 g breite grüne Bohnen, Buschbohnen oder Stangenbohnen
250 g Kartoffeln
1 Zwiebel
100 g geräucherten Bauchspeck
1/2 l Wasser oder Fleischbrühe
etwas Salz
schwarzen Pfeffer aus der Mühle
einige Zweige Bohnenkraut

Für die Sauce

100 ml Wasser
250 g süße Sahne
1 TL Senf
1 EL braunen Bratensaft (Fertigprodukt)
1/2 Bund Petersilie oder Schnittlauch

So wird's gemacht

1. Das Brötchen in 200 ml Wasser einweichen. Den Lauch putzen (die grünen Teile entfernen), waschen und in feine Ringe schneiden.

2. Nun das Brötchen ausdrücken und mit Lauch, Hackfleisch und Eiern verkneten. Mit den Gewürzen pikant abschmecken und 12 kleine Frikadellen daraus formen.

3. Die Bohnen putzen, waschen und in 1 cm lange Stücke schneiden. Die Kartoffeln schälen und in 1 cm große Würfel schneiden. Die Zwiebel schälen und fein würfeln, den Speck ebenfalls würfeln.

4. Die Speckwürfel in einem kleinen Topf auslassen. In dem Fett die Zwiebel dünsten. Die Kartoffeln dazugeben und 1/2 l Wasser oder Fleischbrühe angießen. Alles ungefähr 20 Minuten köcheln lassen.

5. Inzwischen das Öl in einer Pfanne erhitzen und die Frikadellen darin braten. Dann warm stellen. Den Bratensatz mit 100 ml Wasser ablöschen und die Sahne dazugeben. Die Sauce gut durchkochen und mit Senf und Bratensaft abschmecken. Die Kräuter waschen, trockentupfen, hacken und hineingeben. Alles warm halten.

6. 1 l Wasser zum Kochen bringen und salzen. Die Bohnen darin bißfest blanchieren, dann mit dem Kartoffelragout mischen und es gut erhitzen. Mit Salz, Pfeffer und dem gehackten Bohnenkraut abschmecken.

7. Bohnenragout, Hacksteaks und Sauce zusammen auf Tellern anrichten.

Weinempfehlung

Das Bohnenragout ist geschmacksbestimmend und darf als herb-würzig angesehen werden. Die feine, durch das Bohnenkraut verstärkte Bitternote sollte ansatzweise im Wein wiedergefunden werden. Trockene, sehr reife Riesling Spätlesen aus den südlichen Anbaugebieten oder kräftig trockene Weine von Bacchus und Rivaner (Müller-Thurgau) bilden harmonische Kombinationen.

Münsterländer Töttchen nach moderner Art

Ein Spezialrezept von
Ewald Hinterding, Davert Jagdhaus Restaurant

Zubereitungszeit: etwa 1 3/4 Stunden

Sie benötigen für 4 Portionen

Für das Fleisch

1 Bund Suppengrün
1 l Wasser
1 Zwiebel (gespickt mit
1 Lorbeerblatt und 2 Nelken)
6 Pfefferkörner
etwas Salz
3 EL Weißweinessig
300 g Kalbfleisch aus der Schulter
1 Kalbszunge

Für die Sauce

1 EL Mehl
1 EL Butter
1 TL Kapern
125 g süße Sahne
etwas Salz
weißen Pfeffer aus der Mühle
etwas Worcestersauce
etwas Zitronensaft
1/2 Bund Petersilie

So wird's gemacht

1. Das Suppengrün putzen, waschen und kleinschneiden. 1 l Wasser mit dem Suppengrün, der gespickten Zwiebel, Pfefferkörnern, Salz und Essig zum Kochen bringen.
2. Das Fleisch und die Zunge hineingeben und in etwa 1 1/4 Stunden gar kochen. Die Brühe zwischendurch mehrmals abschäumen.
3. Das ganze Fleisch herausnehmen, die Zunge häuten. Alles leicht pressen, damit es sich gut schneiden läßt, und in 2 cm große Würfel schneiden.
4. Für die Sauce das Mehl in der erhitzten Butter unter Rühren anschwitzen und mit knapp 1/4 l durchgesiebter Fleischbrühe ablöschen. Kapern, Sahne und Fleischwürfel dazugeben. Alles mit Salz, Pfeffer, Worcestersauce und Zitronensaft abschmecken.
5. Die Petersilie waschen, trockentupfen und fein hacken. Auf das Gericht streuen.

Beilage

Zu den Töttchen werden Suppenbrötchen serviert.

Weinempfehlung

Ein zartes, feinaromatisches Gericht mit einem sahnig-säuerlichen Grundcharakter. Sehr leichte, weiße Kabinettweine, halbtrocken bis trocken, mit leicht betonter Säure heben den Geschmack, ohne sich unterzuordnen. Kabinettweine von Riesling, Silvaner oder Weißburgunder, an Rhein oder Mosel gewachsen, sind die Richtigen.

KULINARISCHES

Zur Winterszeit, wenn der erste Frost über das Land gegangen ist, werden in Bremen und Oldenburg, in Hannover und Braunschweig, Münster und Osnabrück in allen Vereinen, Betrieben und Verwaltungen die alljährlichen Grünkohlessen zelebriert. Ob es nun „braunen Kohl" gibt oder Kohl mit Pinkel, Mett- oder Brägenwurst, man merkt, daß Tradition anstrengend sein kann. Denn meist ist viel Alkohol notwendig, um das Fett im Grünkohlgericht zu kompensieren. Deshalb haben wir eine moderne Form des Gerichtes gewählt, die Körper und Geist wenig belastet und eine gute Heimkehr auch mit eigenem Fahrzeug verheißt. Ewald Hinterding lieferte uns das Rezept.

Weinempfehlung

Zartbitterer Kohl und würzig-fette Bratwürste brauchen feinherbe, trockene und etwas gehaltvolle Weißweine als Partner. Kräftiger Rivaner (Müller-Thurgau) aus Franken, saftiger Grauburgunder aus der Pfalz, aber auch etwas gereifte Weißherbste erfüllen diese Forderungen.

Grünkohl modern

Zeit zum Durchziehen: über Nacht
Zubereitungszeit: etwa 1 1/2 Stunden

Sie benötigen für 4 Portionen
350 g frische Rippchen
Salz
1 kg Grünkohl (geputzt gewogen)
200 g Zwiebeln
2 EL Gänse- oder Schweineschmalz
1/2 l Fleischbrühe (Fertigprodukt)
weißen Pfeffer aus der Mühle
Senf nach Belieben
350 g Kartoffeln
4 frische Bratwürste

So wird's gemacht

1. Die Rippchen mit Salz einreiben und über Nacht an einem kühlen Ort stehen lassen.

2. Am anderen Tag den Grünkohl grob hacken. Die Strünke und die dicken Rippen dabei entfernen. 1 l Wasser in einem Topf zum Kochen bringen und den Grünkohl darin kurz blanchieren.

3. Die Zwiebeln schälen und in grobe Würfel schneiden. Das Schmalz in einem großen Topf erhitzen und die Zwiebeln darin andünsten. Den Grünkohl dazugeben und ebenfalls etwas andünsten.

4. Mit Fleischbrühe auffüllen, so daß das Gargut knapp bedeckt ist. Mit Salz, Pfeffer und Senf würzen. Die Rippchen auf den Kohl legen und alles etwa 1 Stunde bei geringer Hitze zugedeckt köcheln lassen.

5. Inzwischen die Kartoffeln schälen, waschen und in 1/2 cm große Würfel schneiden. Nach der Hälfte der Garzeit die Kartoffeln auf den Grünkohl geben.

6. 15 Minuten später die Rippchen herausnehmen und die frischen Bratwürste auf den Grünkohl legen. Ganz zum Schluß den Grünkohl nochmals abschmecken.

(auf dem großen Foto: unten)

Pfannenpickert

Eine Spezialität aus dem Lipperland

Zubereitungszeit: etwa 1 Stunde

Sie benötigen für 4 bis 6 Portionen
3 EL Milch
30 g Hefe (3/4 Würfel)
1 TL Zucker
1 kg Kartoffeln
3 frische Eier
3 EL Mehl
150 g Rosinen
3 bis 4 EL Butter

So wird's gemacht

1. Die Milch erwärmen, Hefe und Zucker darin auflösen und alles zugedeckt etwa 10 Minuten an einem warmen Ort gehen lassen.

2. Derweil die Kartoffeln schälen, grob reiben und ausdrücken. Die Stärkeflüssigkeit weggießen.

3. Die Kartoffeln mit der Hefemilch, Eiern, Mehl und Rosinen verrühren. Wenn der Teig zu fest ist, noch etwas Milch hinzugeben. Den Teig etwa 30 Minuten zugedeckt gehen lassen.

4. Die Butter in einer Pfanne erhitzen und aus dem Teig portionsweise kleine Pfannkuchen (jeder etwa 1 cm dick) backen. Heiß servieren.

(auf dem großen Foto: oben)

Beilagen

Man bestreicht den Pickert mit Butter und Marmelade oder – trotz der Rosinen – mit Leberwurst.

Variation

Kastenpickert wird nicht portionsweise in der Pfanne, sondern in einer viereckigen Form gebacken. Man schneidet ihn am nächsten Tag in Scheiben und backt ihn auf.

Weinempfehlung

Die Weinauswahl muß sich hier am Belag orientieren: zu Marmelade deutlich süße, würzige Spätlesen von Riesling, Scheurebe oder Traminer; zur Leberwurst sehr reife Riesling Auslesen, die schon Edelfirne zeigen dürfen.

Spätburgunder Weißherbst
KABINETT TROCKEN

Gibt es eine Berliner Küche? Genauso viel oder so wenig wie den echten Berliner. Die Vorfahren der Berliner strömten im 19. Jahrhundert aus den landwirtschaftlich bestimmten Provinzen in das neue Zentrum der Verwaltung und der Industrie (man sagte, der echte Berliner sei in Breslau geboren). Die Stadt wuchs allein zwischen 1820 und 1885 von 200 000 auf 1,2 Millionen Einwohner an. Borsig und AEG, aber auch die Behörden des neuen Deutschen Reiches sowie Verlagshäuser und Banken und ein reiches Kulturleben bestimmten das Bild der Stadt, die zum Schmelztiegel der Deutschen Nation wurde.
Mit dem Umland wurden von Berlin auch märkische Gerichte und Lebensmittel vereinnahmt: die Teltower Rübchen und die Spreewälder Gurken, Hammelfleisch von den Schafherden der Streusandbüchse des Reiches und anderes brachte man mit.
Die Arbeiter trieben mit ihrem Essen keinerlei Aufwand – sie konnten das auch nicht – und so entstand die „Bouletten-Kultur" mit unzähligen Berliner Eckkneipen. Übrigens kann man die Bouletten auch warm essen, mit Zwiebelringen, Kartoffeln und Gemüse. Sie sind ein Teil der Berliner Küche, wie die Bockwürste, Soleier, Sülzkoteletts, der Hackepeter, der Hoppelpoppel und die Erbswurst.
Das bürgerliche Berlin fand sich in Kreationen, wie dem Schnitzel Holstein und dem Festtagskarpfen, und in einer Reihe von gut bekannten und gut beleumdeten Weinstuben wieder. Unter der Woche aß man Ochsenbrust und Kasseler.
Vor den Toren der Stadt wuchsen die Teltower Rübchen. Schon Goethe wußte diese Delikatesse zu schätzen und ließ sich die Rübchen nach Weimar schicken. Inzwischen sind sie – die politische Wetterlage war Schuld – etwas in Vergessenheit geraten. Wir wollen an sie erinnern, als an einen Teil Berliner Küchentradition. Sie können zu jedem Fleischgericht gereicht werden.
Des Eisbeins mit Sauerkraut und Erbspüree müssen wir aber auch noch gedenken. Es war das „Berliner Futter" für die vielen Besucher „aus dem Reich", die sich etwas Gutes tun wollten. Und der Berliner selbst bevorzugte diese Gerichte, wenn er ausging.

Inzwischen schreckt man vor solch nahrhaften Gerichten zurück. Es ist ein edler Wettstreit ausgebrochen zwischen den Köchen, diese Speisen etwas berlinerisch, aber weniger strapaziös für den Magen auf den Tisch zu bringen. Es lebe die alt-neue Berliner Küche!

Aal grün in Dillrahm

Zubereitungszeit: etwa 40 Minuten

Sie benötigen für 4 Portionen

1 kg Flußaal (küchenfertig, ohne Haut)
1 Zwiebel
2 Nelken
1 Lorbeerblatt
1 Möhre
1 Stange Lauch
1 Stück Knollensellerie (60 g)
3 l Wasser
1 TL schwarze Pfefferkörner
etwas Salz
2 EL Crème fraîche
2 EL geschlagene süße Sahne
80 g kalte Butter in Flöckchen
etwas Zitronensaft
schwarzer Pfeffer aus der Mühle
1 bis 2 Bund Dill

So wird's gemacht

1. Den Aal waschen und in 5 cm lange Stücke schneiden. Die Zwiebel schälen, mit den Nelken und dem Lorbeerblatt spicken. Möhre, Lauch und Sellerie putzen, waschen und kleinschneiden.

2. Aus 3 l Wasser zusammen mit der Spickzwiebel, dem Gemüse, den zerdrückten Pfefferkörnern und etwas Salz einen Sud kochen. Die Aalstücke darin auf kleiner Flamme in etwa 20 Minuten garziehen lassen. Den Fisch warm stellen.

3. $^1/_2$ l des Suds abnehmen, durch ein Haarsieb geben und auf die Hälfte einkochen. Die Crème fraîche hineinrühren, die geschlagene Sahne darunterziehen und die Sauce einmal aufkochen. Die Butterflocken in die heiße Sauce einrühren. Mit Zitronensaft, Salz und Pfeffer abschmecken.

4. Den Dill waschen, trockentupfen, die Spitzen fein schneiden und in die Sauce geben.

5. Die Aalstücke in einer Schüssel anrichten und mit der Dillsauce übergießen.

Beilagen

Aal grün in Dillrahm wird mit Butterkartoffeln, feinen Gemüsestreifen und/oder Gurkensalat serviert.

Weinempfehlung

Zum Fettgehalt des Gerichts kommt der deutliche Dillgeschmack in säuerlich-cremiger Sauce. Dies alles verlangt nach einem geschmeidigen, milden Weißwein mit kräuterähnlichem Aroma. Feinaromatische, trockene bis halbtrockene Kabinettweine von Rivaner (Müller-Thurgau), Kerner oder Bacchus harmonieren gut mit dem Gericht.

Gedünsteter Karpfen im Gemüsebett

Zubereitungszeit: etwa 50 Minuten

Sie benötigen für 4 Portionen

Für den Karpfen

1 Karpfen von 1,5 kg
(küchenfertig aus dem Fischgeschäft)
3 EL Butter
1 Schalotte
Saft von 1/2 Zitrone
etwas Salz
weißen Pfeffer aus der Mühle
1/2 l trockenen Weißwein
1 EL Weinessig
1/4 l Fischfond (Fertigprodukt)
1 Bund Suppengrün
1 Lorbeerblatt

Für das Gemüse

2 Möhren
1/2 Knolle Sellerie
2 Stangen Lauch
etwas Salz
1 Bund Dill

So wird's gemacht

1. Den Karpfen unter fließendem Wasser gründlich säubern und in 4 gleich große Stücke schneiden.

2. Einen Topf ausbuttern. Die Schalotte schälen, würfeln und hineingeben. Die Fischstücke einlegen, mit Zitronensaft säuern und mit Salz und Pfeffer würzen. Weißwein, Essig und Fischfond angießen.

3. Das Suppengrün putzen, eventuell schälen, waschen und kleinschneiden. Mit dem Lorbeerblatt zum Fisch geben. Das Ganze etwa 30 Minuten bei geringer Hitze zugedeckt dünsten. Anschließend den Fisch herausnehmen und entgräten.

4. In der Zwischenzeit für das Gemüse die Möhren und den Sellerie putzen und schälen. Den Lauch waschen, putzen und nur die weißen Teile nehmen. Das Gemüse in feine Streifen schneiden. 3/4 l Wasser zum Kochen bringen, salzen und die Gemüsestreifen in 10 Minuten bißfest kochen.

5. Die Karpfenstücke auf einer vorgewärmten Platte anrichten. Den Sud durchsieben und den Fisch damit übergießen. Mit dem Gemüse umlegen. Den Dill waschen, trockentupfen und die Spitzen zum Garnieren verwenden.

Beilagen

Salzkartoffeln und grüner Salat mit Joghurt-Kräuter-Dressing. Wer mag kann auch Meerrettich dazu essen.

Weinempfehlung

Karpfen zeigt besonders bei dieser Zubereitungsart eine zarte und etwas fettige Struktur mit deutlichem Süßwasserfischaroma. Die Weine sollten säuremild, mittelkräftig und geschmacksbetont sein. Trockene Kabinettweine bis Spätlesen von Rivaner (Müller-Thurgau) und Grauburgunder passen z. B. sehr gut.

Gekochte Rinderbrust mit Bouillonkartoffeln

Zubereitungszeit: etwa 3 1/4 Stunden

Sie benötigen für 4 Portionen

gut 1 kg Rinderbrust ohne Knochen
2 l Wasser
etwas Salz
1 Gemüsezwiebel
5 Nelken
2 Lorbeerblätter
1 Bund Suppengrün
1 kg Kartoffeln (aus der Mark Brandenburg)
4 Möhren
200 g grüne Bohnen
60 g Butter
schwarzen Pfeffer aus der Mühle
1/2 Bund Petersilie

So wird's gemacht

1. Die Rinderbrust waschen. 2 l Wasser erhitzen und das Fleisch darin aufkochen lassen. Abgießen und das Fleisch nochmals waschen.

2. Das Fleisch in 2 l kaltem Wasser erneut aufsetzen, salzen. Die Zwiebel schälen, mit den Nelken und Lorbeerblättern spicken und dazugeben. Das Suppengrün putzen, waschen, kleinschneiden und ebenfalls dazugeben. Das Fleisch etwa 2 1/2 Stunden bei geringer Hitze zugedeckt köcheln lassen.

3. Während das Fleisch kocht, die Kartoffeln schälen, waschen und in kleine Würfel schneiden. 1/2 l Wasser salzen und darin die Kartoffelwürfel etwa 10 Minuten kochen. Abgießen und ausdampfen lassen.

4. Das weichgekochte Fleisch herausnehmen und warm stellen. Die Brühe durch ein Haarsieb mit Passiertuch geben.

5. Die Möhren putzen, schälen, waschen und in kleine Würfel schneiden. Die Bohnen waschen, putzen und in kleine Stücke schneiden. Das Gemüse in der Butter andünsten. Die Kartoffelwürfel dazugeben und die Brühe von der Rinderbrust angießen. Etwa 10 Minuten garen lassen und mit Salz sowie Pfeffer abschmecken.

6. Das Fleisch in Scheiben schneiden, die Fettränder abschneiden. Die Rinderbrust auf einer vorgewärmten Platte anrichten und mit etwas Fleischbrühe übergießen. Mit der Kartoffel-Gemüse-Mischung umlegen. Die Petersilie waschen, trockentupfen, hacken und darüberstreuen.

Beilage

Gefüllte Wirsingköpfchen (siehe Rezept rechts).

Weinempfehlung

Pochiertes Rindfleisch hat einen sehr neutralen Geschmack und ist angenehm mürbe. Die Bouillon, der etwas rauhe Charakter der Kartoffel, die herben Bohnen und die Süße der Möhren prägen den Geschmack. Etwas kraftvolle Weine mit feiner Säure und zart süßender Wirkung des Alkohols sind hierzu besonders angenehm. Trockene Spätlesen von Silvaner, Weiß- und Grauburgunder bieten diese Komponenten.

Gefüllte Wirsingköpfchen

Zubereitungszeit: etwa 35 Minuten

Sie benötigen für 4 Portionen

1 Kopf Wirsingkohl
etwas Salz
2 EL Butter
1 Gemüsezwiebel
100 g Speck
schwarzen Pfeffer aus der Mühle
geriebene Muskatnuß
4 EL süße Sahne

So wird's gemacht

1. Vom Wirsingkopf den Strunk und die welken Außenblätter entfernen. 1 l Wasser salzen und zum Kochen bringen, 4 dunkle Außenblätter darin etwa 5 Minuten blanchieren.

2. Den restlichen Wirsing in ganz kleine Würfel schneiden. Die Zwiebel schälen und würfeln. Den Speck würfeln. Beides in der Butter andünsten. Den Kohl dazugeben und mit Salz, Pfeffer sowie Muskat würzen. Die süße Sahne angießen und alles köcheln, bis die Masse leicht sämig ist.

3. Die vorbereiteten Wirsingblätter einzeln in eine kleine Suppenkelle legen und mit etwas Wirsingmasse füllen. Die Öffnungen mit dem überstehenden Blätterrand verschließen und das Päckchen vorsichtig auf Teller stürzen.

ANEKDOTE

Friedrich von Holstein (1837–1909) war Vortragender Rat im Auswärtigen Amt in Berlin – die „Graue Eminenz", ein rechter Sonderling. Da er nie genügend Zeit zum Essen hatte, ließ er sich Vorspeise und Hauptgang zusammen servieren. Nach seinen Wünschen stellte das Restaurant F. W. Borchardt beides auf einem Teller zusammen, und das Schnitzel Holstein wurde ein Renner.
Es gibt verschiedene „Originalrezepte", die geringfügig voneinander abweichen. Versuchen Sie dieses!

Schnitzel Holstein

Zubereitungszeit: etwa 30 Minuten

Sie benötigen für 4 Portionen

- 4 Scheiben Weißbrot
- 60 g Räucherlachs
- 8 Sardellenfilets aus der Dose
- 4 Ölsardinen aus der Dose
- 1 kleines Glas Kaviar (15 g)
- 4 Kalbsschnitzel à 160 g
- etwas Salz
- schwarzen Pfeffer aus der Mühle
- 4 EL Erdnußöl
- 4 Eier
- 1 EL Kapern
- 4 Pfeffergürkchen
- 4 Scheiben eingelegte rote Beten aus dem Glas

So wird's gemacht

1. Das Weißbrot rösten. Die Scheiben diagonal vierteln. Auf je 4 Viertel den Lachs, die Sardellen, die Ölsardinen und den Kaviar verteilen.
2. Die Schnitzel leicht klopfen und mit Salz sowie Pfeffer einreiben. Das Öl in einer Pfanne erhitzen und die Schnitzel darin auf jeder Seite etwa 3 Minuten braten. Aus der Pfanne nehmen und warm stellen. Dann im heißen Bratfett vier Spiegeleier braten.
3. Auf jedes Schnitzel ein Spiegelei setzen. Die Kapern hacken und darüberstreuen. Mit den Brotscheiben, Gürkchen und roten Beten umlegen.

Weinempfehlung

Die Kalbsschnitzel haben geschmacklich keinen Einfluß auf die Weinauswahl. Hingegen kommen Räucherlachs, Sardellen, Sardinen, Kapern und Kaviar besondere Bedeutung zu. Der Hauptcharakter dieser Lebensmittel darf als salzig-fettig mit etwas scharf-bitterer Note beschrieben werden. Salziges harmoniert besonders gut mit der Säure, Fettiges insbesondere mit dem Alkohol des Weines. Deshalb empfehlen wir kraftvolle, trockene Spätlesen von reifen Riesling- und Weißburgunderweinen.

Kalbsleber „Berliner Art“

Zubereitungszeit: etwa 40 Minuten

Sie benötigen für 4 Portionen

Für das Kartoffelpüree

800 g mehligkochende Kartoffeln
1/4 l Milch
1 EL Butter
etwas Salz
geriebene Muskatnuß

Für die Leber

2 säuerliche Äpfel (z.B. Boskop)
100 g Butter
1 große Gemüsezwiebel
4 Scheiben Kalbsleber à 140 bis 150 g
2 EL Mehl
etwas Salz
schwarzen Pfeffer aus der Mühle

So wird's gemacht

1. Die Kartoffeln mit der Schale etwa 25 Minuten kochen.

2. Derweil die Äpfel schälen, die Kerngehäuse ausstechen und die Äpfel in Scheiben schneiden. Etwas Butter in einer Pfanne schmelzen lassen und die Apfelscheiben darin auf jeder Seite in etwa 3 Minuten braun braten.

3. Die Zwiebel schälen, in Ringe schneiden. In einer zweiten Pfanne etwa 5 Minuten in etwas Butter leicht braun anbraten.

4. Die Leber von Haut, Sehnen und Röhren befreien. In dünne Scheiben schneiden und ganz leicht in Mehl wenden.

5. Die Kartoffeln abgießen, pellen und zerstampfen. Mit Milch und Butter verschlagen, so daß ein lockeres Püree entsteht. Mit Salz und Muskat abschmecken. Warm halten.

6. Etwas Butter in einer Pfanne schmelzen und die Leberscheiben darin etwa 2 Minuten auf jeder Seite braten. Anschließend mit Salz und Pfeffer würzen.

7. Das Kartoffelpüree und die Leberscheiben auf vorgewärmten Tellern anrichten. Die Leber mit Apfelscheiben und Zwiebelringen belegen.

Beilage

Servieren Sie Blattsalat in Joghurtdressing mit frischen Kräutern.

Tips

- Reichen Sie etwas Kalbsfond, mit Butter gebunden und frischen Basilikumstreifen verfeinert, separat als Sauce dazu.
- Hansjörg Schlenker vom Hotel Preußischer Hof in Liebenwalde dressiert das Kartoffelpüree mit einem Spritzsack mit Lochtülle. Das sieht gut aus und ergibt einen Hauch von Professionalität.

Weinempfehlung

Die Grundstoffe prägen das Gesamtbild: zarte Kalbsleber mit deutlicher Süße, Äpfel mit der fruchtigen Verbindung von Süße und Säure, herbe, gebräunte Zwiebeln. Dies führt deutlich zu feinfruchtigen, leichten Weinen mit dezenter Süße, zu halbtrockenen bis lieblichen Riesling-Spätlesen und halbtrockenen Kabinettweinen von Weiß- und Grauburgunder.

Hühnerfrikassee „Berliner Art“

Quellzeit: über Nacht
Zubereitungszeit: etwa $4^{1}/_{4}$ Stunden

Sie benötigen für 6 Portionen

20 g getrocknete Morcheln
1 Suppenhuhn von 2 bis 2,4 kg
Gewicht
2 Bund Suppengrün
1 große Zwiebel
1 Lorbeerblatt
etwas Salz, weißen Pfeffer
1 Kalbszunge
250 g gewässertes Kalbsbries
120 g Butter, 80 g Mehl
$^{1}/_{4}$ l trockenen Weißwein
150 g süße Sahne
500 g Spargel
etwas Zucker
etwas Zitronensaft
150 g Champignons
20 g Krebspaste aus der Dose
3 frische Eigelbe
1 EL Kapern, Worchestersauce
18 ausgelöste Krebsschwänze
6 Halbmonde aus Blätterteig
vom Bäcker

So wird's gemacht

1. Die getrockneten Morcheln über Nacht in $^{1}/_{4}$ l Wasser einweichen.
2. Am nächsten Tag das Suppenhuhn waschen. In 2 l warmem Wasser aufkochen lassen. Das Huhn herausnehmen und nochmals waschen. Das Wasser weggießen.
3. Das Huhn nun mit kaltem Wasser aufsetzen. Das Suppengrün putzen, waschen und kleinschneiden. Die Zwiebel schälen und würfeln. Mit dem Lorbeerblatt, Salz und Pfeffer zum Huhn geben und dieses bei mittlerer Hitze 2 bis $2^{1}/_{2}$ Stunden zugedeckt köcheln lassen. Kalbszunge und Kalbsbries die letzten 30 Minuten mitsieden lassen.
4. Die Brühe durch ein Sieb abgießen und aufheben. Die Zunge häuten und in feine Streifen schneiden. Das Bries häuten und fein würfeln. Das Huhn häuten. Das Fleisch von den Knochen lösen und in mundgerechte Würfel schneiden.
5. Nun 100 g Butter in einem Topf schmelzen lassen, das Mehl einrühren und etwa 10 Minuten ohne Hitze ruhen lassen. Dann den Wein und die erzielte Hühnerbrühe dazugeben und alles 10 bis 12 Minuten kochen. Die Sahne hinzugeben und die Sauce leicht sämig werden lassen.
6. Die Morcheln abgießen und siebenmal waschen, damit der Sand entfernt wird. Den Spargel schälen und unten kürzen. Mit etwas Salz, Zucker und Zitronensaft in 1 l Wasser 8 bis 10 Minuten köcheln und etwa 20 Minuten gar ziehen lassen.
In 2 cm lange Stücke schneiden.
7. Die Champignons putzen und in Scheiben schneiden. Kurz in 2 Eßlöffeln Butter anschwitzen und mit wenig Zitronensaft beträufeln. Die Morcheln ebenfalls in der Butter anschwitzen. Die Krebspaste erwärmen, bis sie flüssig ist.
8. Die Sauce gut aufkochen, vom Herd nehmen und die Eigelbe darunterziehen. Sie darf danach nicht mehr kochen. Mit den Kapern und der Worcestersauce abschmecken.
9. Das gesamte Fleisch in eine vorgewärmte Porzellanschüssel geben. Morcheln, die Champignons und die Spargelstückchen hinzufügen. Die Sauce darübergeben und alles leicht mischen. Die Krebsschwänze, mit der Krebsbutter leicht beträufelt, und die Blätterteig-Halbmonde darauf setzen. Sofort servieren.
(auf dem Foto: Mitte)

Beilage

Butterreis (aus runden ausgebutterten Timbaleförmchen gestürzt oder portionsweise in Tassen im Wasserbad gekocht)

Tip

Dieses Rezept ist für festliche Gelegenheiten gedacht. Möchten Sie das Gericht in der Woche servieren, lassen Sie Kalbszunge und Kalbsbries, Krebse und Morcheln weg

Weinempfehlung

Die Frikasseesauce ist cremig und schmeckt säuerlich-bitter mit feiner Süße. Der hohe Anteil an Spargel liefert deutliche Säure, die Krebsschwänze und -paste Aroma. Mittelkräftige, trockene Spätlesen von Grauburgunder oder Chardonnay bieten vergleichbare Komponenten und passen deshalb gut.

Teltower Rübchen

Zubereitungszeit: etwa 1 Stunde

Sie benötigen für 4 Portionen

1 kg Teltower Rübchen
(ersatzweise Navetten)
3 EL Butter
2 EL Zucker
$^{1}/_{4}$ l Fleischbrühe (Fertigprodukt)
etwas Salz, schwarzen Pfeffer

So wird's gemacht

1. Die Rübchen putzen, schaben und waschen. Die größeren halbieren.
2. Die Butter in einem Topf schmelzen. Den Zucker hinzugeben und leicht bräunlich werden lassen. Die Rübchen dazugeben und bei geringer Hitze unter Rühren garen, bis sie etwas Farbe angenommen haben.
3. Dann die Fleischbrühe dazugeben, umrühren, und die Rübchen im geschlossenen Topf knapp 45 Minuten schmoren. Vor dem Servieren mit Salz und Pfeffer abschmecken.
(auf dem Foto: links)

Berliner Gänse-Weißsauer

Zubereitungszeit: etwa 1 1/2 Stunden
Kühlzeit: etwa 2 Stunden

Sie benötigen für 4 Portionen

- 1 l Wasser
- etwas Salz
- 2 Gänsekeulen
- 1 Zwiebel
- 1 Bund Suppengrün
- 1 Lorbeerblatt
- 2 Nelken
- 5 Pfefferkörner
- 2 EL Weinessig
- etwas Zucker
- weißen Pfeffer aus der Mühle
- 8 Blatt weiße Gelatine
- 1 Gewürzgurke

So wird's gemacht

1. Zuerst 1 l Wasser in einen großen Topf zum Kochen bringen, salzen, die Gänsekeulen hineingeben und etwa 60 Minuten zugedeckt köcheln lassen.
2. Derweil die Zwiebel schälen und würfeln. Das Suppengrün putzen, evtl. schälen, waschen und zerkleinern. Beides nach der Hälfte der Kochzeit zusammen mit Lorbeerblatt, Nelken und Pfefferkörnern zu den Gänsekeulen geben.
3. Das fertig gegarte Fleisch aus der Brühe nehmen, enthäuten, entbeinen und in gleichgroße Stücke schneiden. Abkühlen lassen.
4. Die Brühe durch ein Sieb geben (das Gemüse aufheben) und entfetten. Mit Essig, Zucker, Salz und Pfeffer abschmecken.
5. Die Gelatine einweichen, ausdrücken und auflösen. Mit der Brühe verrühren. Wenn die Gelatine anfängt, steif zu werden, einen Spiegel in eine Schüssel gießen.
6. Die Fleischstücke mit dem beim Durchseihen der Brühe zurückbehaltenen Gemüse mischen. Die Gurke in Scheiben schneiden. Alles zusammen in die Schüssel schichten und mit dem Rest der Aspikflüssigkeit übergießen. Für etwa 2 Stunden kalt stellen und erstarren lassen.
7. Die Schüssel vor dem Anrichten in warmes Wasser stellen. Das Gelee auf eine Platte stürzen. Die Petersilie waschen, trockentupfen, hacken und darüberstreuen.

(auf dem Foto: rechts)

Beilagen

Salz- oder Bratkartoffeln und Kräuter-Joghurt-Sauce

Weinempfehlung

Die süß-saure Sülze und die Gänsekeule geben ein mildes, feinwürziges Geschmacksbild. Da die Säure in der Sülze relativ verhalten ist, darf sie beim Wein etwas deutlicher sein. Die Würze des Weins sollte von fruchtiger Art und mäßig betont sein. Es werden sehr reife, halbtrockene Riesling Spät- und Auslesen aus den nördlichen Anbaugebieten empfohlen.

TREIS MOSEL SEKTE

Was die Treverer kochten, wissen wir nicht. Die Römer, die zu Beginn unserer Zeitrechnung ins Land kamen und Trier gründeten, haben davon nichts überliefert. Aber die römische Küche ist uns bekannt. Man kann ihre Erzeugnisse heute noch (oder wieder) im zweitausendjährigen Trier verkosten. Die in der Sonne vergorene Fischsauce allerdings, die den römischen Köchen das war, was mancher Hausfrau heute Maggis Suppenwürze bedeutet, ist nicht jedermanns Sache. Doch nichts gegen die Römer – sie haben die Weinrebe nach Deutschland gebracht oder zumindest hier kultiviert – man weiß es nicht so genau. Damit ist das Land an der Mosel das älteste deutsche Weinanbaugebiet. Die Spuren sind heute noch zu sehen. Und angeblich ist der „vitis alba", den der römische Schriftsteller Plinius im ersten Jahrhundert erwähnte, der heute als Elbling bekannte herzhafte Zechwein, aus dem übrigens auch hervorragender Sekt gemacht wird.
Dagegen wirken die kulinarischen Spuren der französischen Eroberungstruppen vom Pfälzischen Erbfolgekrieg bis hin zur Zeit Napoleons lieblich. Frankreich brachte uns den Chicorée – in den anderen Regionen Deutschlands noch immer ein Exot – als herben Salat und wohlschmeckend bitteres Gemüse. Die Deutschen lernten, Weinbergschnecken in Knoblauchbutter zu verspeisen, und der Löwenzahn (vulgo Bettseecher) hielt Einzug in die moselländische Küchenkultur. Als deren Höhepunkt darf auch das Woihinkelche nicht vergessen werden, das mit einem Bein als Coq au Vin im Land des gallischen Hahns steht.
Die Kartoffel wirkt in der Küche rund um Mosel und Saar dominierend. Sie war als Magenfüller beliebt, und die Hausfrauen zauberten aus der Arme-Leute-Knolle (die heute gar nicht mehr so billig ist) schmackhafte Gerichte. Ein Freund aus dem Saarland charakterisierte sein Verhältnis zu Blechgrumbeere so: „Da könnt ich mich dran kaputtessen!" Wäre der Trierer Karl Marx nicht als Erfinder des Marxismus in die Geschichte eingegangen, so wäre seine Schilderung des kargen Lebens der Moselwinzer sicherlich sein vielbeachtetes Hauptwerk geworden.

Zanderfilet in Moselriesling

Zubereitungszeit: etwa 35 Minuten

Sie benötigen für 4 Portionen

800 g Zanderfilets
200 g gut gekühlte süße Sahne
1 kaltes Eiweiß
etwas Salz
weißen Pfeffer aus der Mühle
2 EL Butter
1/4 l Moselriesling
2 frische Eigelbe
etwas Zitronensaft

So wird's gemacht

1. Die Fischfilets unter fließendem Wasser waschen und trockentupfen. Den Backofen auf 140° C vorheizen.
2. Bauchlappen, Kopf- und Schwanzanschnitte von den Fischfilets abschneiden. Die Abschnitte mit der gleichen Menge Sahne und dem Eiweiß in der Küchenmaschine pürieren (die Masse muß kalt bearbeitet werden, da sie sonst gerinnt). Anschließend durch ein feines Sieb streichen. Die Farce mit Salz und Pfeffer würzen und schön glattrühren, bis sie glänzt.
3. Eine große, feuerfeste Form mit der Butter ausstreichen. Die Fischfilets hineinlegen und mit der Farce bestreichen. Die Hälfte des Rieslings dazugeben und die Filets im Ofen zugedeckt 10 bis 15 Minuten pochieren.
4. In der Zwischenzeit für die Sauce den verbleibenden Wein mit der restlichen Sahne auf dem Herd bei großer Hitze auf die Hälfte einkochen lassen. Die nicht mehr kochende Flüssigkeit mit den Eigelben schaumig aufschlagen und mit Zitronensaft, Salz und Pfeffer abschmecken.
5. Die Filets auf vorgewärmten Tellern anrichten und die Sauce angießen.
(auf dem Foto: links)

Beilagen

Kurt Saffenreuther serviert dazu Salzkartoffeln und gedünstete Zucchiniwürfel.

Weinempfehlung

Zander ist ein fettarmer, sehr dezent schmeckender Fisch. Die Verarbeitung mit reichlich Sahne und die Zugabe von Zucchini als Gemüse vermitteln einen milden Geschmack mit zarter Süße. Diese sollte wenigstens in Spuren im Wein wiederzufinden sein. Halbtrockener, junger Riesling Kabinett wird dem besonders gerecht und unterstreicht den Geschmack.

Gefüllte Kalbsbrust

Zubereitungszeit: etwa $2^{1}/_{4}$ Stunden

Sie benötigen für 4 Portionen

Für das Fleisch

750 g Kalbsbrust von der Brustspitze, ohne Knochen (vom Metzger tiefe Taschen einschneiden lassen)
2 EL Zitronensaft
etwas Salz
2 EL Öl

Für die Farce

$^{1}/_{8}$ l heiße Milch
2 Wecken (Brötchen) vom Vortag
1 Zwiebel
3 EL Butter
1 frisches Ei
2 EL gehackte Petersilie
Pfeffer aus der Mühle
geriebene Muskatnuß

Für die Sauce

1 Zwiebel
1 Stück Sellerieknolle (50 g)
1 Möhre
$^{1}/_{8}$ l Wasser
1 TL Kartoffelstärke
125 g saure Sahne
etwas Salz
schwarzen Pfeffer aus der Mühle

So wird's gemacht

1. Das Fleisch mit dem Zitronensaft beträufeln und mit Salz einreiben. Den Backofen auf 200° C vorheizen.
2. Die Wecken in Würfel schneiden, mit der heißen Milch übergießen und 10 Minuten stehen lassen. Inzwischen die Zwiebel schälen und würfeln. Die Butter schmelzen lassen und die Zwiebelwürfel darin glasig dünsten. Die ausgedrückten Brötchen dazugeben und alles gut verrühren. Abkühlen lassen.
3. Das Ei, die Petersilie und die Gewürze unter die Farce mischen. In die Kalbsbrust füllen und die Öffnung zunähen oder mit Rouladennadeln fest verschließen.
4. Die gefüllte Kalbsbrust in einen Bräter mit dem heißen Öl geben. Im Backofen $1^{1}/_{2}$ Stunden braten. Das Fleisch dabei einmal umwenden und öfter mit Bratenfond beschöpfen.
5. Inzwischen für die Sauce die Zwiebel schälen und vierteln. Den Sellerie und die Möhre putzen, schälen, waschen und kleinschneiden. Nach 45 Minuten Garzeit des Fleisches mit in den Bräter geben.
6. Das Fleisch herausnehmen und zugedeckt warm stellen. Den Fond mit $^{1}/_{8}$ l Wasser loskochen und die Flüssigkeit pürieren. Die Kartoffelstärke mit der sauren Sahne verquirlen und dazugeben. Die Sauce einmal aufkochen lassen und mit Salz sowie Pfeffer abschmecken.
7. Das Fleisch in Scheiben schneiden und auf einer vorgewärmten Platte anrichten. Die Sauce getrennt dazu reichen.
(auf dem Foto: rechts)

Beilagen

Dazu gehören Salzkartoffeln und feines Gemüse, z.B. Blumenkohl, Erbsen, Möhren oder Kohlrabi.

Tip

Gefüllte Kalbsbrust ist ein rechtes Sonntagsessen. Aber womit füllen? Bei den überlieferten Rezepten ist von gut gewürztem Hackfleisch die Rede. Dem Leser sei in unserer kalorienarmen Zeit zur Abwechslung eine schmackhafte Farce ohne Fleisch empfohlen. Das Rezept verdanken wir Kurt Saffenreuther vom Moselromantik-Hotel „Zum Löwen" in Ediger-Eller.

Weinempfehlung

Das recht trockene Kalbfleisch bleibt durch die Füllung saftig und erhält Geschmack, der durch die Sauce noch etwas verstärkt wird. Kraftvolle, gereifte Weine mit verhaltener Säure und dezentem Bukett erweisen sich als ideale Partner, z.B. Riesling Spätlese trocken bis halbtrocken oder Weißburgunder Kabinett.

HISTORISCHES

Das Tresterfleisch ist ein altüberliefertes Rezept von der Mosel. Der Schweinenacken wurde früher zusammen mit der Trester-Maische in die Brennblase des Destillierapparates gegeben. Was Trester ist? Ein Branntwein. Früher wurde er in jedem Winzerhaushalt aus den Kelterrückständen, also aus Beerenschalen, Kämmen und Kernen der Trauben, gebrannt. Heute taucht er als Konkurrent des Grappa wieder auf den Preislisten traditionsbewußter Winzer auf.

Weinempfehlung

Das Fett des gut durchwachsenen Schweinenackens vermittelt einen leicht süßlichen Geschmack, der von der Säure im reduzierten Rieslingfond aufgefangen wird. Vom Trester wird der Geschmack deutlich verstärkt. Kräftige, etwas säurebetonte Weine mit anklingender Süße, wie eine halbtrockene Riesling Spätlese, runden das Gericht besonders vorteilhaft ab.

Tresterfleisch

Marinierzeit: etwa 2 Tage
Zubereitungszeit: etwa 1 1/4 Stunden

Sie benötigen für 4 Portionen

1 Stange Lauch
1 Möhre
2 Zwiebeln
1 l trockenen Riesling
50 ml Trester
1 Lorbeerblatt
etwas Salz
schwarzen Pfeffer aus der Mühle
geriebene Muskatnuß
etwas zerdrückten Knoblauch
1 kg Schweinenacken
3 EL Öl

So wird's gemacht

1. Für die Marinade Lauch und Möhre putzen, waschen und kleinschneiden. Zwiebeln schälen und würfeln.
2. Aus allen Zutaten (bis auf Fleisch und Öl) eine Marinade herstellen und das Fleisch etwa 2 Tage darin durchziehen lassen. In dieser Zeit mehrmals wenden.
3. Nach der Marinierzeit das Fleisch herausnehmen und trockentupfen. Das Öl in einem Bräter erhitzen und das Fleisch darin rundherum anbraten. Die Marinade angießen und das Fleisch etwa 1 Stunde zugedeckt schmoren.
4. Das Fleisch herausnehmen, in Scheiben schneiden und im Sud servieren.

Beilage

Dazu gibt es einfach Bauernbrot.

Gedämpfte grüne Bohnen

Bohnen sind das Lieblingsgericht der Moselaner. Hier wird es raffiniert süß-sauer zubereitet.

Zubereitungszeit: etwa 50 Minuten

Sie benötigen für 4 Portionen

1 kg junge grüne Bohnen
(Stangen- oder Buschbohnen)
50 g fetten Speck
2 Zwiebeln
1/4 l Gemüsebrühe (Fertigprodukt)
2 Äpfel
1 Zweig Bohnenkraut
2 EL Weinessig, 1 EL Zucker
etwas Salz, schwarzen Pfeffer

So wird's gemacht

1. Die Bohnen waschen, putzen und die Fäden abziehen. Die Bohnen in mundgerechte Stücke schneiden.
2. Den Speck und die geschälten Zwiebeln würfeln. Den Speck in einem mittelgroßen Schmortopf auslassen. Die Zwiebeln mit dem Speck glasig braten.
3. Die Bohnen in den Schmortopf geben, kurz anschmoren und mit der Brühe ablöschen.
4. Die Äpfel schälen und die Kerngehäuse entfernen. Die Äpfel achteln, zu den Bohnen geben und alles etwa 15 Minuten durchschmoren.
5. Das Bohnenkraut waschen und hacken und zum Gemüse geben. Dieses mit Essig, Zucker, Salz und Pfeffer süß-sauer abschmecken.
(auf dem Foto: links)

Tip

Die gedämpften grünen Bohnen serviert man mit Salzkartoffeln oder Kartoffelbrei und Mettwürstchen.

Weinempfehlung

Der salzige Speck und die süß-sauren Äpfel sind hier die Hauptgeschmackskomponenten. Fruchtbetonte Weißweine mit gleichermaßen schmeckbarer Säure und Süße sind hier ideale Partner z. B. ein Riesling Kabinett, halbtrocken bis lieblich.

Zeller Äppelfleisch

Zubereitungszeit: etwa 2 Stunden

Sie benötigen für 4 Portionen

1 kg Schweineschulter ohne Knochen
etwas Salz
schwarzen Pfeffer aus der Mühle
Paprikapulver edelsüß
4 Äpfel
2 Zwiebeln
3 EL Öl
320 ml Weißwein
3 EL Rosinen
1 Gläschen Trester (ersatzweise Obstler)
$^{1}/_{2}$ Becher süße Sahne (100 g)

So wird's gemacht

1. Das Fleisch mit den Gewürzen einreiben. 2 Äpfel schälen, die Kerngehäuse entfernen und die Äpfel würfeln. Die Zwiebeln schälen und würfeln.
2. Das Öl in einem Bräter erhitzen und das Fleisch rundherum gut anbraten. Zwiebeln und Äpfel kurz mitbraten.
3. Den Wein angießen, die Rosinen dazugeben und das Fleisch im geschlossenen Topf etwa $1^{1}/_{2}$ Stunden bei geringer Hitze schmoren. Dabei zerfallen die Apfelstückchen und machen die Sauce sämig.
4. Das Fleisch herausnehmen und zugedeckt warm stellen. Die Sauce mit dem Trester und der Sahne verfeinern. Die restlichen 2 Äpfel schälen und in mundgerechte Stücke schneiden. In der Sauce kurz schmoren, bis die Stücke weich, aber noch nicht zerfallen sind.
5. Das Fleisch in Scheiben schneiden und auf einer vorgewärmten Platte anrichten. Die Sauce getrennt dazu reichen.

(auf dem Foto: rechts)

Beilagen

Das Zeller Appelfleisch schmeckt am besten mit Salzkartoffeln und Rotkohl.

Weinempfehlung

Zwiebeln, Äpfel und Rosinen führen zu einer deutlich süßen Geschmacksausprägung, der mit vergleichbarer Süße im Wein begegnet werden sollte. Deshalb empfehlen wir reifen, halbtrockenen bis lieblichen Riesling Spätlese oder Auslese.

Wenn im Herbst zur Zeit der Weinlese der Federweiße gärt, finden sich allerorten improvisierte Stände, an denen der beliebte Trunk zusammen mit Zwiebelkuchen verkauft wird. Sie gehören zusammen, Zwiebelkuchen und Federweißer. Aber während der Federweiße nur einige Wochen im Herbst angeboten wird, gibt's den Zwiebelkuchen das ganze Jahr hindurch. Mit herbem Wein genossen, ist er uns Verheißung des nächsten Herbstes.

Rehgulasch

Zubereitungszeit: etwa 4 Stunden

Sie benötigen für 4 Portionen

Für den Fond

1 Möhre
1 Stück Sellerieknolle (60 g)
1 Zwiebel
1 kg gehackte Knochen und Fleischabschnitte vom Reh
2 EL Öl
etwas Salz, 6 Pfefferkörner
1 EL Tomatenmark
1 l Wasser

Für das Fleisch

1 kg Rehgulasch
500 g Zwiebeln
4 EL Öl
etwas Salz, schwarzen Pfeffer
2 EL Tomatenmark
2 Lorbeerblätter
gerebelter Thymian
gerebelter Majoran
$^{1}/_{4}$ l Rotwein
1 TL Speisestärke

So wird's gemacht

1. Für den Fond die Möhre und den Sellerie putzen, waschen und kleinschneiden. Die Zwiebel schälen und in grobe Würfel schneiden. Die Knochen mit den Fleischabschnitten in dem Öl kräftig anrösten. Das Gemüse dazugeben und mitrösten. Wenn das Gemüse eine schöne braune Farbe hat, Salz, Pfefferkörner und Tomatenmark dazugeben. Mit 1 l Wasser bedecken und 1 bis 2 Stunden zugedeckt köcheln lassen. Dann durchseihen und zugedeckt zum Auffüllen der Sauce bereitstellen.
2. Das Fleisch in 2 cm große Würfel schneiden. Die Zwiebeln schälen und grob würfeln. Das Fleisch im heißen Öl anbraten. Mit Salz, Pfeffer und Tomatenmark würzen. Die Zwiebeln dazugeben.
3. Wenn alles angebräunt ist, die Lorbeerblätter und die Kräuter hineingeben und alles mit dem Rotwein ablöschen. $^{1}/_{2}$ l des selbstgemachten Wildfonds dazugeben und alles 1 bis 1 $^{1}/_{2}$ Stunden zugedeckt schmoren lassen.
4. Nach 1 Stunde kontrollieren, ob das Fleisch schon weich ist. Dann aus der Sauce nehmen.
5. Die Sauce mit den Gewürzen und Kräutern abschmecken, die Lorbeerblätter entfernen. Die Sauce pürieren und mit der angerührten Speisestärke binden. Aufkochen und durchsieben. Das Fleisch wird in die Sauce gegeben.

Beilagen
Geben Sie Nudeln oder Spätzle (möglichst selbstgemacht), gedünstete Pilze und Rotkohl dazu.

Tip
Statt selbstgemachtem Fond können Sie auch ein Fertigerzeugnis verwenden, es spart Zeit. Kurt Saffenreuther stellt den Wildfond aber selbst her – er schwört darauf.

Weinempfehlung

Rehfleisch hat einen sehr intensiven Wildgeschmack, der durch die Zutaten Lorbeer, Thymian, Majoran und Rotwein zu einem betont kräftigen Gesamtgeschmack und intensiven Duft geformt wird. Dem kann gut mit etwas gerbstoffbetonten, kräftigen Rotweinen begegnet werden, z.B. mit trockenem Spätburgunder oder Dornfelder Qualitätswein b. A.

Zwiebelkuchen

Zubereitungszeit: etwa 1½ Stunden

Sie benötigen für 4 Portionen

Für den Teig

- 25 g Hefe (gut ½ Würfel)
- knapp ¼ l lauwarme Milch
- etwas Zucker
- 375 g Mehl, etwas Salz
- 60 g Margarine, 1 frisches Ei
- etwas Margarine für das Blech

Für den Belag

- 1 kg Zwiebeln
- 150 g Dörrfleisch (Rippenspeck)
- schwarzen Pfeffer aus der Mühle
- etwas Kümmel, geriebener Muskat
- 4 frische Eier
- 500 g saure Sahne

So wird's gemacht

1. Die Hefe in die lauwarme Milch bröckeln und mit etwas Zucker sowie Mehl verrühren. Den Vorteig etwa 10 Minuten zugedeckt an einem warmen Ort gehen lassen.
2. Den Vorteig, das restliche Mehl, etwas Salz, die Margarine und das Ei in eine Rührschüssel geben und alles gut miteinander verkneten, bis sich der Teig von der Schüssel löst.
3. Den Teig zugedeckt an einem warmen Ort 20 Minuten stehen lassen.
4. Inzwischen den Backofen auf 220° C vorheizen. Die Zwiebeln schälen und in Ringe schneiden. Das Dörrfleisch fein würfeln. Beides zusammen dünsten. Mit Pfeffer, Kümmel und Muskat abschmecken.
5. Ein rundes Backblech dünn mit Margarine einfetten, den ausgerollten Teig darauf geben und ringsherum einen Rand hochziehen. Die Zwiebeln und den Speck darauf verteilen. Die Eier in der sauren Sahne verquirlen und darübergießen.
6. Den Zwiebelkuchen im Ofen in etwa 40 Minuten goldbraun backen.

(auf dem großen Foto)

Weinempfehlung

Federweißer oder
ein leichter, trockener bis halbtrockener Riesling oder Elbling

Gebohrte

Zubereitungszeit: etwa 1 Stunde

Sie benötigen für 4 Portionen

1 altbackene Weck (Brötchen)
12 mittelgroße Kartoffeln (gut 1 kg)
600 g Reste von Rauchfleisch, Schinken oder geräuchertem Speck
1 Zwiebel
1 frisches Ei
1/2 Bund Petersilie
etwas Salz
schwarzen Pfeffer aus der Mühle
3 EL Öl
1/2 l Weißwein

So wird's gemacht

1. Die Weck in warmem Wasser einweichen. Die Kartoffeln waschen, schälen und mit einem großen Kugelausstecher napfförmig aushöhlen.
2. Die Weck ausdrücken und zusammen mit den Fleischresten und der geschälten Zwiebel durch den Fleischwolf drehen. In einer Schüssel mit dem Ei vermengen.
3. Die Petersilie waschen, trockentupfen und fein hacken. In den Teig einarbeiten. Diesen mit Salz und Pfeffer würzen und in die ausgehöhlten Kartoffeln füllen.
4. Das Öl in einem großen Bräter erhitzen und die Kartoffeln darin anbraten. Salzen, den Wein angießen und die Kartoffeln zugedeckt etwa 30 Minuten schmoren.

(auf dem Foto: links)

Beilage

Sehr gut paßt Chicoréesalat dazu: 4 dicke Stauden Chicorée werden in 2 cm breite Streifen geschnitten und mit einem Dressing aus 1 gewürfelten Zwiebel, 1 gehackten, hartgekochtem Ei, 1 gewürfelten Gewürzgurke, 4 EL Öl, 4 EL Weinessig, Salz, schwarzem Pfeffer und etwas Zucker übergossen.

Tip

Die Gebohrten (die man abseits der Mosel des besseren Verständnisses wegen auch „Gefüllte" nennt) sind auch mit Hackfleisch gefüllt lecker.

Weinempfehlung

Durch Rauchfleisch, Speck oder Schinken bekommt das deftige Gericht einen deutlichen salzigen Charakter, der nach kräftigen, säurebetonten Weinen verlangt, z.B. nach jungen, trockenen Spätlesen von Bacchus, Kerner oder Riesling.

Blechgrumbeere

Zubereitungszeit: etwa 1 Stunde

Sie benötigen für 4 Portionen

- 1 kg Kartoffeln
- 1 EL Margarine für das Blech
- etwas Salz
- schwarzen Pfeffer aus der Mühle
- 250 g Dörrfleisch (Speck)

So wird's gemacht

1. Den Backofen auf 220°C vorheizen. Die Kartoffeln schälen, waschen und in kleine Würfel schneiden.
2. Das Backblech einfetten, die Kartoffeln darauf geben und mit Salz sowie Pfeffer würzen. Mit dem in Würfel geschnittenen Dörrfleisch bestreuen.
3. Das Ganze im Ofen in etwa 30 Minuten goldbraun backen.
(auf dem Foto: rechts)

Beilagen

Die Blechgrumbeere werden gerne mit Rühreiern und Kopfsalat oder Chicoréesalat auf den Tisch gebracht. Typisch rheinisch ist es aber auch, sie mit Schnittlauchsalat und Apfelmus zu essen.

Variation

Setzen Sie in den letzten 10 Minuten der Backzeit 4 Äpfel an den Blechrand und backen Sie sie mit.

Weinempfehlung

Servieren Sie dazu einen trockenen Riesling oder Elbling Kabinett.

Stampes

Zubereitungszeit: etwa $1\frac{1}{4}$ Stunden

Sie benötigen für 4 Portionen

- 1 kg Kartoffeln, etwas Salz
- 500 g Sauerkraut, 4 EL Margarine
- $\frac{1}{4}$ l Weißwein
- $\frac{1}{4}$ l heiße Milch
- schwarzen Pfeffer aus der Mühle
- 250 g Zwiebeln
- 375 g Dörrfleisch (Speck)

So wird's gemacht

1. Die Kartoffeln schälen, waschen und in Salzwasser kochen. Inzwischen das Sauerkraut in der Margarine andünsten, den Wein dazugeben und alles in etwa 30 Minuten kochen.
2. Die Kartoffeln abgießen, zerstampfen und mit der heißen Milch zu einem Püree verrühren. Mit Salz und Pfeffer abschmecken und mit dem Kraut mischen.
3. Den Ofen auf 200° C vorheizen. Die Zwiebeln schälen und würfeln. Das Dörrfleisch in Scheiben schneiden. Beides goldgelb braten.
4. Eine Auflaufform mit der Hälfte der Dörrfleischscheiben auslegen. Die Zwiebeln darauf verteilen, den Stampes darauf geben und mit den restlichen Speckscheiben bedecken.
5. Den Stampes mit aufgelegtem Deckel etwa 20 Minuten im Ofen backen, dann die Oberfläche ohne Deckel mit Oberhitze bräunen lassen.

Historisches

Gestampfte Kartoffeln nahmen die Weinbauern früher in ihrem Eßgeschirr mit in den Weinberg. Statt Dörrfleisch wurden auch Leberwürste und gebratene Blutwürste auf das Kraut gelegt. Enthielt das Gericht ein vorgekochtes, in Portionen geteiltes Eisbein, nannte man es „Fräwes". Und wenn der saure Kohl durch süßen (Weißkohl) ersetzt wird, spricht man von „Kappesmanges".

Weinempfehlung

Sauerkraut und Speck sind die Geschmacksnoten. Hierzu passen säurebetonte, halbtrockene Weine von Elbling, Riesling oder Bacchus.

Mausohrsalat

Zubereitungszeit: etwa 40 Minuten

Sie benötigen für 4 Portionen

- 2 mittelgroße Kartoffeln
- $\frac{1}{4}$ l Fleischbrühe (Fertigprodukt)
- 1 Zwiebel
- 3 EL Essig (z.B. Himbeeressig)
- 4 EL Öl
- etwas Salz, schwarzen Pfeffer
- etwas zerdrückten Knoblauch
- 250 g Mausohr (oder Feldsalat)

So wird's gemacht

1. Die Kartoffeln schälen, waschen und in der Fleischbrühe kochen. Dann herausnehmen und durch ein Sieb streichen. Die Brühe aufheben.
2. Die Zwiebel schälen, fein würfeln und unter das Kartoffelmus mischen. Essig und Öl darunterrühren und mit Salz, Pfeffer und Knoblauch abschmecken. Eventuell etwas Fleischbrühe angießen, sollte das Dressing zu dickflüssig sein.
3. Den Salat verlesen, gut waschen und abtropfen lassen. Mit dem Dressing beträufeln.

Beilage

Mit in milder Knoblauchbutter gerösteten Baguettescheiben ergibt der Salat eine beliebte Vorspeise.

Tip

Mausohr ist wildwachsender Feldsalat. Man findet es im Frühjahr in den Weinbergen. Kurt Saffenreuther in Ediger-Eller ist also „Selbstversorger", und zur Saison gibt es im Moselromantik-Hotel „Zum Löwen" Mausohr als Beilage oder Vorspeise.

Weinempfehlung

Mausohr oder Feldsalat ist herzhaft im Geschmack, der durch das Kartoffeldressing noch verstärkt wird. Der Gesamteindruck ist etwas rauh und nussig. Da Säure (Essig und Wein) sich leicht addieren, sollte ein leichter, trockener Kabinettwein mit verhaltener Säure gereicht werden, z.B. ein Rivaner (Müller-Thurgau).

Rhein reimt sich nun einmal auf Wein. Und wo die Rebstöcke stehen, da sollte man auch wissen, was zum Wein am besten schmeckt – der Gastrosoph nennt es „die Vermählung von Speise und Wein". Ein wenig Kenntnis auf diesem Spezialgebiet ist wie ein Tor zu einer höheren Art des Genusses. Ungeahnte Gaumenfreuden kommen auf uns zu. Und das Schönste daran ist, daß schon das Lernen Spaß macht. Kochen wir also einmal rheinisch. Dazu ist nicht immer ein großes festliches Menü mit Spitzenweinen vonnöten. Die einfache Hausmannskost, wie sie der Winzer alle Tage ißt, bringt manch überraschende Geschmacksnuance, und die Winzerin hat eine lebenslange Erfahrung, welcher Wein zu welcher Speise am besten mundet.
Daß sich die Rezepte im Laufe der Zeit ändern und wir nicht mehr wie unsere Großväter essen, versteht sich von selbst. Das Leben mit all seinen Anforderungen verändert sich, und

die Küche macht diese Veränderung mit. Das Bewährte wird den neuen Anforderungen entsprechend variiert, überlieferte Speisen mit neuen Küchentechniken und abgewandelten Zutaten zubereitet.
Vergleichen wir das Land am Mittelrhein mit den anderen kulinarischen Landschaften Deutschlands, so fällt gleich auf, daß es relativ wenig „urtümliche" Traditionen gibt. Die große Völkerstraße entlang des Stromes hat Menschen aus aller Herren Länder mit ihren Gewohnheiten und Gerichten gesehen, und manches wurde von Fuhrleuten und Schiffern, von Wirten und Handwerkern längs der Straße übernommen. Man war weltoffen, und wie man anderwärts in die Fremde zog, um die Welt kennenzulernen, kam hier die Welt in den eigenen Lebenskreis. Daher kommt es auch, daß die schartigen Kanten abgeschliffen, die Gerichte verfeinert sind - alles ist durch den Filter einer Weltläufigkeit gegangen. Typisch für diese Landschaft sind die Imbißgerichte, die meist den Wein besonders gut ergänzen. Sie scheinen nur erfunden worden zu sein, um die Freude am Weingenuß zu erhöhen und den Wein bekömmlicher zu machen. Überall stehen besonders zur Zeit der Weinlese die Büdchen mit Zwiebelkuchen und Brezeln und in jeder Straußwirtschaft gibt es landesübliche Kleinigkeiten für Zwischendurch, zum Wein und gegen den kleinen Hunger.

KULINARISCHES

Sauerbraten ist in vielen Gegenden Deutschlands die beliebteste Form des Bratens. Allerdings unterscheidet er sich von Region zu Region durch die Zubereitung der dazu gehörenden Sauce. Beim Rheinischen Sauerbraten ist sie mit Pfefferkuchen gebunden und wird mit Rosinen und Apfelkraut verfeinert.

Mit Kartoffelklößen und Rotkohl schmückt rheinischer Sauerbraten jede festliche Tafel. Sie sollten ihn allerdings auch einmal mit Reibekuchen (Seite 57) und Apfelmus probieren, wie man ihn zwischen Köln und Mainz gern ißt.

Weinempfehlung

Geschmacksbestimmend sind Pfefferkuchen, Rosinen und Rotkohl. Süße Würze ist also das Grundelement des Gerichtes. Dies läßt neben fruchtbetonten, gereiften Rotweinen (mäßig trockene Spätlese von Früh- oder Spätburgunder und Dornfelder) allenfalls noch saftigen, halbtrockenen Grauburgundern eine Möglichkeit zur gelungenen Harmonie.

Rheinischer Sauerbraten

Marinierzeit: 5 Tage
Zubereitungszeit: etwa 2 Stunden

Sie benötigen für 4 Portionen

Für die Marinade

- 2 Zwiebeln
- 1 Stange Lauch
- 2 Möhren
- 1 kleine Knolle Sellerie
- $^1/_2$ l Rotwein
- $^1/_4$ l Weinessig
- $^1/_2$ l Wasser
- 2 Lorbeerblätter
- 2 Nelken
- 10 Wacholderbeeren
- 10 Pfefferkörner
- 10 Senfkörner
- 1 TL Salz

Für den Braten

- 1 kg Rindfleisch (aus der Schulter)
- 80 g Fett
- $^1/_4$ l Wasser
- 125 g Rosinen
- $^1/_8$ l Rotwein
- 50 g Pfefferkuchen
- 2 EL Rheinisches Apfelkraut (Brotaufstrich aus eingedicktem Apfelsaft)
- $^1/_2$ Becher saure Sahne (ca. 60 g)
- etwas Salz
- schwarzen Pfeffer aus der Mühle

So wird's gemacht

1. Die Zwiebeln schälen, das Gemüse putzen und waschen. Alles grob zerkleinern und mit Rotwein, Essig, Wasser und den Gewürzen aufkochen lassen.
2. Das Fleisch mit der heißen Marinade übergießen. Die Flüssigkeit muß das Fleisch ganz bedecken. Den Braten 5 Tage im Kühlschrank marinieren. In dieser Zeit öfter wenden.
3. Das Fleisch aus der Marinade nehmen und gut trockentupfen. Die Marinade durch ein Sieb geben und aufheben.
4. Das Bratfett in einer Kasserolle erhitzen und das Fleisch darin bei größerer Hitze von allen Seiten gut anbraten.
5. Dann $^1/_4$ l Marinade und $^1/_4$ l Wasser an das Fleisch gießen und es etwa 1 $^1/_2$ Stunden bei geringer Hitze zugedeckt schmoren. Den Braten dabei öfter wenden und bei Bedarf Flüssigkeit (Wasser und Marinade)

nachgießen. Die Rosinen in dem Rotwein einweichen.
6. Das fertig gegarte Fleisch herausnehmen und warm stellen.
7. Den Pfefferkuchen zerkrümeln und zusammen mit Rosinen und Rotwein in die Sauce geben. Diese etwa 5 Minuten ziehen lassen. Die Sauce mit Apfelkraut, saurer Sahne, Salz und Pfeffer abschmecken.
8. Das Fleisch in Scheiben schneiden und auf einer vorgewärmten Platte anrichten. Die Sauce getrennt dazu reichen.
(auf dem großen Foto)

Beilagen

Zum Sauerbraten ißt man Kartoffelklöße und Rotkohl.

Wildente

Zubereitungszeit: etwa 1 1/4 Stunden

Sie benötigen für 4 Portionen

1 küchenfertige Wildente à 1 kg
etwas Salz
schwarzen Pfeffer aus der Mühle
150 g fetten Speck
125 g kleine Champignons
1 EL Butter
etwas Salz
schwarzen Pfeffer aus der Mühle
1/4 l Weißwein
1 EL Rosinen
1 Becher saure Sahne (125 g)

So wird's gemacht

1. Die Ente mit einem Tuch innen und außen gründlich abreiben und dann salzen sowie pfeffern. Den Backofen auf 200 °C vorheizen.
2. Den Speck in dünne Scheiben schneiden und in einer Pfanne auslassen. Die Ente darin anbraten.
3. Dann die Ente in einen Bräter legen und im Ofen in etwa 30 Minuten knusprig braun braten. Sie dabei öfter mit dem Bratenfond begießen. Die Ente herausnehmen und zugedeckt warm stellen.
4. Die Pilze putzen und in einer kleinen Pfanne in der Butter anbraten. Mit Salz und Pfeffer würzen.
5. Den Bratenfond im Bräter mit dem Wein loskochen. Die Pilze hineingeben. Die Rosinen waschen, fein hacken und dazugeben. Die nicht mehr kochende Sauce mit der sauren Sahne verfeinern.
6. Die Ente am Tisch tranchieren. Die Sauce getrennt dazu reichen.

Beilagen
Wildente schmeckt am besten mit Kroketten und Rosenkohl.

Tip
Junge Vögel sind in jedem Falle vorzuziehen, deshalb ist Wildente ein Essen für die Herbstmonate. Schauen Sie zu, daß Sie ihre Ente frisch bekommen, es gibt nichts Besseres.

Weinempfehlung

Durch Champignons, Rosinen und saure Sahne entsteht ein intensives, süß-saures Geschmacksbild, das nach reifen Weißweinen verlangt. Der Speck und die scharf angebratene Haut der Ente lassen eine Fülle von Röststoffen entstehen, die besonders gut mit gerbstoffbetonten Rotweinen harmonieren. Deshalb ist hier ein Kompromiß angebracht, der durch etwas gereiften, trockenen Weißherbst vom Spätburgunder erfüllt wird.

Wildschweinrücken

Marinierzeit: 3 bis 5 Tage
Zubereitungszeit: etwa 2 Stunden

Sie benötigen für 4 Portionen

1 kg Wildschweinrücken
ohne Schwarte
10 Wacholderbeeren
1/2 Flasche Rotwein (375 ml)
1/8 l Wasser
3 Zwiebeln
1 Zweig Rosmarin
1 Zweig Thymian
etwas Salz
schwarzen Pfeffer aus der Mühle
50 g fetten Speck
3 EL Butterschmalz zum Braten
1 Bund Suppengrün
4 kleine rote Äpfel
etwas Zitronensaft
2 EL Butter für die Äpfel
3 EL süße Sahne
40 g eiskalte Butter in
kleinen Stücken
3 EL Preiselbeeren aus dem Glas

So wird's gemacht

1. Das Fleisch mit den zerdrückten Wacholderbeeren einreiben. Den Wein mit dem Wasser verrühren. Die Zwiebeln schälen, in Scheiben schneiden und hineingeben. Rosmarin und Thymian hinzufügen und die Beize über das Fleisch gießen. Das Fleisch 3 bis 5 Tage marinieren, dabei täglich wenden.

2. Danach das Fleisch aus der Beize nehmen, gut trockentupfen und mit Salz sowie Pfeffer einreiben. Die Beize durch ein Sieb geben und aufheben. Den Backofen auf 240 bis 260° C vorheizen.

3. Zum Braten den Speck in dünne Scheiben schneiden. Einen flachen Bratentopf mit der Hälfte der Scheiben auslegen. Das Fleisch hineinlegen und die restlichen Speckscheiben darauf legen.

4. Das Butterschmalz in einem Töpfchen heiß werden lassen und über das Fleisch gießen. Dieses im Backofen etwa 1 Stunde braten.

5. Inzwischen das Suppengrün putzen, waschen und in feine Würfel schneiden. Nach 15 Minuten Bratzeit zum Fleisch geben. Das Fleisch öfter mit dem Bratensaft beschöpfen. Wenn notwendig, etwas Beize dazugießen.

6. Die Äpfel waschen. Die Kerngehäuse ausstechen und etwas Zitronensaft in die Löcher träufeln. Die Äpfel einzeln auf je ein Stück Alufolie setzen, Butterflöckchen darauf geben und die Äpfel einwickeln. Das Obst die letzten 15 Minuten im Ofen mitbraten.

7. Den fertig gegarten Wildschweinrücken aus dem Ofen nehmen und zugedeckt warm stellen. Den Bratfond mit der mit Wasser auf 1/2 l aufgefüllten Beize ablöschen. Die Sauce durchseihen und die Sahne darunterrühren. Mit Salz und Pfeffer abschmecken. 1 1/2 cm große, eiskalte Butterstückchen in die nicht mehr kochende Sauce einrühren, so daß diese bindet (man nennt das „mit Butter montieren").

8. Die Bratäpfel auswickeln und mit den Preiselbeeren füllen. Das Fleisch aufschneiden, auf einer vorgewärmten Platte anrichten und die Bratäpfel dazusetzen. Die Sauce getrennt dazu reichen.

(auf dem Foto: links)

Beilagen

Dazu werden Kartoffelkroketten und Rotkohl oder Rosenkohl gegessen.

Weinempfehlung

Wildschweinrücken hat einen intensiven Wildgeschmack, der durch das Beizen abgerundet wird. Weiter geschmacksbestimmend sind Rotwein, Apfel, Zitrone und Preiselbeeren, die der Sauce eine aromatische, süß-saure Note geben. Der dazu gereichte Wein sollte deshalb ein gereifter und gehaltvoller Vertreter der Burgunderfamilie sein. Die Wahl der Gemüsebeilage ist für die Wahl des Weins. Bei Rotkohl empfehlen wir Spätburgunder oder Portugieser Spätlese trocken, bei Rosenkohl trockene Grauburgunder Spätlese.

Hasenrücken in Orangen-Rahm-Sauce

Zubereitungszeit: etwa 1 1/2 Stunden

Sie benötigen für 4 Portionen

- 100 g geräucherten fetten Speck
- 2 küchenfertige Hasenrücken à 500 g (nicht gespickt)
- 1 kleine Zwiebel
- 1 Bund Suppengemüse
- 50 g Butter
- etwas Salz, schwarzen Pfeffer
- 1 Lorbeerblatt
- getrockneten Thymian
- 1/8 l Rotwein
- 1/8 l Fleischbrühe (Fertigprodukt)

Für die Sauce

- abgeriebene Schale von 1/2 unbehandelten Orange
- 2 Becher Sahne (à 200 g)
- 1 EL Pfeilwurzelmehl (ersatzweise Kartoffelstärke)
- Saft von 1 Orange
- 3 EL Johannisbeergelee

Außerdem

- Filets von 1 Orange zum Garnieren

So wird's gemacht

1. Den Speck in dünne Scheiben schneiden und das Fleisch damit umwickeln. Die Zwiebel schälen, das Suppengrün putzen und waschen. Beides würfeln.

2. Die Butter in einer Kasserolle erhitzen. Die Hasenrücken darin rundum anbraten. Anschließend herausnehmen. Das Gemüse und die Zwiebel zusammen mit den Gewürzen und dem Thymian in die Kasserolle zur Butter geben. 10 Minuten braten, bis das Gemüse goldbraun ist.

3. Den Wein und die Fleischbrühe angießen. Die Hasenrücken wieder dazugeben. Das Fleisch zugedeckt 30 bis 40 Minuten langsam schmoren lassen. Es dann wieder herausnehmen, den Speck entfernen und die Hasenrücken zugedeckt warm stellen.

4. Die Sauce durch ein Sieb passieren. Die Orangenschale dazugeben. Die Sahne mit dem Pfeilwurzelmehl verquirlen, in die Sauce einrühren und sie etwa 5 Minuten kochen lassen. Den Orangensaft und das Johannisbeergelee darunterrühren. Die Sauce nicht mehr kochen lassen.

5. Die Hasenrücken in Scheiben schneiden und anrichten. Mit den Orangenfilets garnieren. Die Sauce getrennt dazu reichen.

(auf dem Foto: rechts)

Beilagen

Kroketten, Rosenkohl und Preiselbeeren

Tip

Pfeilwurzelmehl wird zum Binden von Saucen verwendet. Im Gegensatz zum Mehl bindet es sofort und hinterläßt keinen Geschmack, der beim Mehl erst „fortgekocht" werden muß.

Weinempfehlung

Feldhase hat zartes, fettarmes Fleisch mit mäßigem Wildgeschmack. Der geräucherte Speck wirkt geschmacksverstärkend und hält das Fleisch saftig. Das bestimmende Element ist die aromatisch-würzige und etwas süß gehaltene Sauce. Milde, gereifte und bukettbetonte Rotweine von gehobener Qualität sind deshalb ebenso geeignet, wie würzige gehaltvolle Weißweine mit mäßiger Säure, z.B. altersgereifte halbtrockene Riesling Auslese, mittelkräftiger, trockener bis halbtrockener Traminer oder Bacchus Spätlese und reifer, samtig-weicher Spätburgunder.

HISTORISCHES

Edelsteinsucher sollen aus Südamerika neben den Steinen auch die Gewohnheit, Fleisch in großen Stücken zu grillen, mit in ihre Heimat nach Idar-Oberstein gebracht haben. Es wird vom einfachen Steak bis hin zum kunstvoll komponierten Braten alles gegrillt, manchmal auch nicht auf dem Spieß, aber der Name bleibt. Allen Rezepten gemeinsam ist, daß das Fleisch vorher gut mit Gewürzen durchziehen muß und daß der Rauch spezieller Hölzer zum Aroma beiträgt – aber das ist das Geheimnis dabei.
Spießbraten aus Schweinefleisch wird an Nahe und Mosel, in Rheinhessen und in der Pfalz gern zu Festlichkeiten serviert. Er garantiert eine urige Stimmung. Den kleinen Bruder des Spießbratens nennt man Schwenkbraten. Hierbei werden Fleischstücke auf einem beweglichen Rost gegrillt, den man über dem Feuer schwenken kann.

Weinempfehlung

Durch den Grillvorgang bilden sich sehr viele Röststoffe, deshalb sind Rotweine eher angebracht als Weißweine. Wir empfehlen leichtere, trockene Rotweine vom Portugieser und Spätburgunder oder reife Grauburgunder als weiße Alternative.

Spießbraten

Marinierzeit: 1 Tag
Zubereitungszeit: etwa $1\frac{1}{2}$ Stunden

Sie benötigen für 4 Portionen

- 200 g Dörrfleisch (geräucherten, durchwachsenen Speck)
- 500 g Zwiebeln
- 1 kg Schweinefleisch für Spießbraten (ein flaches Stück vom Bug)
- etwas Salz
- schwarzen Pfeffer aus der Mühle
- 1 Bund Suppengrün
- 1 Flasche Weißwein (0,75 l)
- 2 Lorbeerblätter
- 10 Nelken
- 10 Wacholderbeeren
- 10 Pfefferkörner

So wird's gemacht

1. Das Dörrfleisch würfeln, die Zwiebeln schälen und grob hacken. Beides auf der flachen Fleischscheibe verteilen. Sie salzen, pfeffern und zusammenrollen. Den Braten mit Küchengarn umwickeln.
2. Für die Marinade das Suppengrün putzen, waschen und kleinschneiden. Den Wein darübergeben, die Gewürze hinzufügen. Die Fleischrolle darin 24 Stunden ziehen lassen, sie dabei einmal wenden.
3. Das Fleisch aus der Marinade nehmen und gut abtupfen. Es auf einen Spieß stecken und unter ständigem Drehen über einem Holzfeuer in etwa $1\frac{1}{4}$ Stunden knusprig braun braten.

Beilagen

Eigentlich ißt man dazu nur Bauernbrot. Doch heute reicht man auch warmen Krumbeeresalat (Kartoffelsalat mit Dörrfleisch) oder Weißbrot dazu.
Krumbeeresalat ist einfach zuzubereiten: 800 g Pellkartoffeln in feine Scheiben schneiden. 250 g Dörrfleisch und 1 Zwiebel würfeln und in etwas Fett anbraten. Erst das Dörrfleisch, dann die Zwiebel mit dem Fett über die Kartoffeln geben. Aus Fleischbrühe, Salz und Pfeffer eine Salatsauce machen und über den Salat geben. Mit sauren Gürkchen und Tomatenachteln garnieren. Lauwarm essen.

Rheinische Bohnensuppe

Zubereitungszeit: etwa $1\frac{1}{4}$ Stunden

Sie benötigen für 4 Portionen

- 1,5 kg Stangenbohnen
- etwas frisches Bohnenkraut
- 400 g Kartoffeln
- $1\frac{1}{4}$ l Fleischbrühe (Fertigprodukt)
- 2 EL Mehl
- 2 Becher saure Sahne à 125 g
- etwas Salz, schwarzen Pfeffer
- 12 kleine Landjäger
- 1 Bund Petersilie

So wird's gemacht

1. Die Bohnen waschen, putzen und in etwa 4 cm lange Stücke schneiden. Das Bohnenkraut waschen. Die Kartoffeln schälen und kleinwürfeln.
2. Bohnen, Bohnenkraut und Kartoffeln zusammen in der Fleischbrühe etwa 30 Minuten kochen.
3. Das Mehl mit der sauren Sahne verrühren, in die Suppe geben und aufkochen, damit sie bindet. Mit Salz und Pfeffer abschmecken.
4. Die Landjäger in der Suppe heiß werden lassen. Die Petersilie waschen, trockentupfen und fein hacken. Auf die Suppe streuen.
(auf dem Foto: links)

Beilage

Reibekuchen (siehe Rezept rechts)

Tip

Zu den „kleinen Landjägern" des Fernsehkochs Johann Lafer: Kleine Nürnberger Bratwürste werden luftgetrocknet und dann behandelt wie die bekannten, normalgroßen Landjäger, die Sie natürlich auch verwenden können. Nur, der Geschmack ist doch ein anderer.

Weinempfehlung

Kartoffeln, in der Fleischbrühe gegart, vermitteln ein etwas rauhes Geschmacksbild, das sehr gut mit säurebetonten, trockenen Weißweinen kombiniert werden kann, z.B. mit trockenem Riesling QbA. Wenn Reibekuchen dazu gereicht werden, dürfen die Weine etwas milder und gehaltvoller sein.

Reibekuchen

Zubereitungszeit: etwa 1 Stunde

Sie benötigen für 4 Portionen

1,5 kg möglichst große Kartoffeln
2 Zwiebeln
2 frische Eier
3 EL grobe Haferflocken
etwas Salz
schwarzen Pfeffer aus der Mühle
geriebene Muskatnuß
150 g Butterschmalz zum Braten

So wird's gemacht

1. Die Kartoffeln schälen, waschen, abtrocknen, fein reiben und ausdrücken. Die Zwiebeln schälen und ebenfalls fein reiben.

2. Kartoffeln, Zwiebeln, Eier und Haferflocken (die machen die Reibekuchen so schön kroß) gut miteinander verrühren. Den Teig mit Salz, Pfeffer und Muskat würzen.

3. Das Butterschmalz in einer Pfanne erhitzen. Den Teig löffelweise hineingeben und zu kleinen, runden Puffern glattstreichen. Diese auf beiden Seiten goldbraun backen, dann abtropfen lassen. Fertig gebackene Puffer warm halten, bis der ganze Teig verbacken ist.

(auf dem Foto: rechts)

Kulinarisches

Kartoffelpuffer sind international, aber Reibekuchen (Riwkooche sagt man dazu), kennt man nur im Rheinland. Man ißt sie dort zur Bohnensuppe, zum Sauerbraten und zum Sauerkraut. Aber man reicht auch frische Matjes mit Zwiebelringen dazu.

Die einzelnen Pufferrezepte unterscheiden sich durch ihre Zutaten. So verwenden die Berliner als Zusatz Grieß oder Mehl, oder man mischt fein gewürfelten Speck unter den Teig, würzt mit Kümmel oder Schnittlauch. Ebenso sind die Beilagen verschieden: Preiselbeerkompott, Apfelmus, Schwarzbrot mit Butter und Rübenkraut.

Dibbelabbes der Sonderklasse

Der klassische Dibbelabbes wird ohne Hackfleisch und Lauch zubereitet

Zubereitungszeit: etwa 50 Minuten

Sie benötigen für 4 Portionen
1 kg Kartoffeln
2 Zwiebeln
1 frisches Ei
etwas Salz, schwarzen Pfeffer
125 g Dörrfleisch (geräucherten, durchwachsenen Speck)
250 g gemischtes Hackfleisch
1 Stange Lauch
Öl zum Braten

So wird's gemacht

1. Die Kartoffeln schälen, reiben und ausdrücken. Die Zwiebeln schälen, ebenfalls reiben und unter die Kartoffelmasse mischen. Das Ei hinzugeben, alles salzen und pfeffern.

2. Das Dörrfleisch würfeln, in einer Pfanne auslassen und das Hackfleisch darin anbraten. Den Lauch putzen, gut waschen und in Scheiben schneiden. Diese zum Hackfleisch geben und kurz mitdünsten. Alles unter die Kartoffelmasse mischen.

3. Das Öl in einem Bräter erhitzen, die Masse auf einmal hineinfüllen und braun braten. Dabei alles mit einem Pfannenwender ständig wenden und zerteilen, damit sich viele knusprige Krusten bilden, das Ganze aber nicht anbrennt.

(auf dem Foto oben)

Beilage

Salat (Feld- oder Eichblattsalat)

Variation

Anspruchsvolle legen auf den Dibbelabbes gebratene Scheiben von Leber- und Blutwurst.

Weinempfehlung

Die Geschmacksrichtungen „deftig" und „salzig" und ein etwas fettiger Charakter vereinen sich mit den Röststoffen, die durch die Kartoffeln abgemildert werden. Herzhafte, etwas säurebetonte Weißweine, wie trockene bis halbtrockene Qualitätsweine von Rivaner (Müller-Thurgau), Kerner und Bacchus, harmonieren angenehm.

Spundekäs

Zubereitungszeit: etwa 15 Minuten
Kühlzeit: etwa 3 Stunden

Sie benötigen für 4 Portionen
500 g Magerquark
2 frische Eigelbe
etwas Salz
schwarzen Pfeffer aus der Mühle
etwas Öl für die Form
2 Zwiebeln
1 Bund Petersilie
etwas Kümmel
etwas Paprikapulver edelsüß

So wird's gemacht

1. Den Magerquark mit den Eigelben sowie mit etwas Salz und Pfeffer verrühren. Eine Form mit Öl einpinseln, den Quark hineingeben und für 3 Stunden kalt stellen.

2. Die Zwiebeln schälen und fein würfeln. Die Petersilie waschen, trockentupfen und fein hacken.

3. Den Quark auf einen Teller stürzen und zusammen mit Zwiebeln, Petersilie, Kümmel und Paprikapulver servieren. Jeder würzt seinen Spundekäs nach Belieben.

Beilage

Zum Spundekäs ißt man Bauernbrot.

Kulinarisches

Spundekäs, ein herzhafter Imbiß zum Wein, ist rheinauf und rheinab bekannt. „Angemachter" Quark ist überall beliebt, Spundekäs ist dabei eine der sympatischsten Kreationen.

Weinempfehlung

Für diese deftig schmeckende Vesper sind rustikale, schlichte Weine die besten Partner, z.B. ein saftiger trockener Müller-Thurgau oder Bacchus.

Woihinkel

Zubereitungszeit: etwa 1 Stunde

Sie benötigen für 4 Portionen

2 kleine Hähnchen
(oder 1 Poularde von 1kg)
etwas Salz, weißen Pfeffer
2 Zwiebeln, 250 g Champignons
Butterschmalz zum Braten
4 EL Weinbrand, 1/2 l Weißwein
1 Becher süße Sahne (200 g)
2 EL eiskalte Butter in Flöckchen

So wird's gemacht

1. Die Hähnchen waschen, trockentupfen und in Portionsstücke zerteilen. Salzen und pfeffern. Die Zwiebeln schälen und würfeln. Die Pilze putzen und kleinschneiden.
2. Die Hähnchenteile im heißen Fett von allen Seiten anbraten. Die Zwiebeln dazugeben, den Weinbrand angießen und alles flambieren.
3. Die Pilze zusammen mit 1/4 l des Weins zum Fleisch geben und alles etwa 20 Minuten zugedeckt auf kleiner Flamme garen. Dann die Geflügelteile herausnehmen und auf einer vorgewärmten Platte warmstellen.
4. Den Bratensatz mit dem restlichen 1/4 l Wein loskochen. Die süße Sahne dazugeben und die Sauce etwas einkochen lassen. Die Butterflöckchen in die nicht mehr kochende Sauce einrühren, so daß sie bindet. Die Sauce zum Hähnchen reichen.
(auf dem Foto rechts)

Beilagen

Servieren Sie dazu Stangenweißbrot oder Reis mit Blattsalaten.

Weinempfehlung

Geschmacksgeber sind der Weißwein und die Champignons. Zwiebeln und Sahne vermitteln etwas Süße als Gegenpol zur Säure des Weins. Leichte, etwas säurebetonte Weine mit verhaltenem Bukett eignen sich hierzu gut, z.B. halbtrockener bis trockener Riesling Spätlese, trockener Weißburgunder oder Silvaner Kabinett.

Pfalz und Rheinhessen

Die Pfälzer – und der Norddeutsche bezeichnet alles südlich von Mainz als die Pfalz – haben Probleme mit ihrem Ruf. Die aus der Pfalz stammenden Redewendungen „Worscht und Dorscht" oder die Weisheit, daß ein Mann ohne Bauch wie ein Krüppel ist, locken zwar Gourmands, aber nicht Gourmets in diese Region. Und daß unser Bundeskanzler Kohl die Pfalz im wahrsten Sinne des Wortes in aller Munde gebracht hat (denken wir nur an die kulinarischen Ausflüge mit befreundeten Staatsoberhäuptern) wird von den Betroffenen mit einem lachenden und einem weinenden Auge zur Kenntnis genommen. Denn, zum Abspecken fährt er an den Wolfgangsee.

„Die Pfalz ist wie ein Schlaraffenland." Dieser Satz bringt es wohl auf den Punkt. Denn wenn früher der volle Teller das Ziel der Wünsche war, so ist es heute die Qualität der Produkte und deren solide Verarbeitung. Kurz, der Saumagen (dessen Rezept mittlerweile so verbreitet ist, daß wir es hier nicht zu wiederholen brauchen), der Zwiebelkuchen und die Leberknödel sind weniger mächtig, dafür aber noch schmackhafter geworden. Dazu gibt es frisches Gemüse, aromatisches Obst und nicht zuletzt Wein der verschiedensten Rebsorten und unterschiedlichsten Geschmacksrichtungen.

Es ist nicht so, daß man in Rheinhessen und in der Pfalz den Kreationen der internationalen Küche skeptisch gegenübersteht. Es gibt eine große Anzahl angesehener Restaurants, die Weltoffenheit zelebrieren. Doch die rechte Gemütlichkeit, die zu erleben die Fremden in die Dörfer und Städte von Mainz bis an die Deutsche Weinstraße kommen, stellt sich erst bei regionalen Spezialitäten ein. Diese Stimmung sollen die nachfolgenden

Rezepte auch in den anderen kulinarischen Landschaften Deutschlands verbreiten.

Die Speisenkarte zeigt viele Gerichte für den kleinen Hunger. Das sind die rechten Begleiter zum Wein; es braucht nicht immer eine große Speisenfolge zu sein. In der Einfachheit zeigt sich hier der Meister ...

Mit Brennesseln gefüllter junger Hecht

Zubereitungszeit: etwa 1 Stunde

Sie benötigen für 4 Portionen

- 3 Schalotten
- 2 Knoblauchzehen
- 100 g Butter
- etwas Salz
- weißen Pfeffer aus der Mühle
- 200 g junge Brennesselblätter
- 200 g junge Spinatblätter
- 1 küchenfertigen, geschuppten Hecht von 1,5 kg (mit Kopf)
- etwas Zitronensaft
- 12 dünne Scheiben mageren Speck (leicht geräuchert)
- 1 kleine Zwiebel
- 1/4 l trockenen Weißwein
- 100 g saure Sahne

So wird's gemacht

1. Die Schalotten und die Knoblauchzehen schälen und fein würfeln. Die Hälfte der Butter in einer Pfanne zerlassen und Schalotten sowie Knoblauch darin glasig dünsten. Mit Salz und Pfeffer würzen.
2. Brennessel- und Spinatblätter waschen und in Salzwasser blanchieren. Dann abkühlen lassen und gut auspressen. Die Blätter mit der Schalotten-Knoblauch-Mischung in der Pfanne vermengen.
3. Den Backofen auf 200° C vorheizen. Den Hecht abspülen, innen und außen trockentupfen. Mit Salz, Pfeffer und Zitronensaft würzen und mit der Brennessel-Spinat-Mischung füllen.
4. Den Fisch mit den Speckscheiben so umwickeln, daß die Bauchöffnung gut verschlossen ist.
5. Die Zwiebel schälen, würfeln und mit 50 g Butterflöckchen auf dem Boden einer feuerfesten Form verteilen. Den Hecht hineinlegen (die Speckenden müssen dabei nach unten zeigen).
6. Den Fisch mit dem Weißwein übergießen und im Backofen etwa 25 Minuten garen. Dann die glattgerührte saure Sahne mit dem Fischsud verrühren.

Beilagen

Salzkartoffeln und Tomatensalat

Weinempfehlung

Brennesseln und Spinat schmecken beide blanchiert leicht nussig-bitter. Knoblauch und Speck wirken geschmacksverstärkend. Ergänzt wird das Ganze durch das feine Fischaroma und den säuerlichen Charakter der Sauce. Leichte bis mittelkräftige Weißweine mit mäßiger Säure und nussigem Geschmacksbild ergeben eine schöne Harmonie, z.B. Weißburgunder Spätlese trocken oder Grauburgunder Kabinett.

Backesgrumbeere mit Wingertkaninchen

Zubereitungszeit: etwa 1 Stunde

Sie benötigen für 4 Portionen
1 kg festkochende Kartoffeln
2 Zwiebeln
1 EL Butterschmalz
2 Lorbeerblätter
5 Pfefferkörner
10 Wacholderbeeren
etwas Salz
4 Kaninchenkeulen (oder 1 in
4 Stücke geteiltes Kaninchen)
1/2 l Rot- oder Weißwein
1 Becher süße Sahne (200 g)

So wird's gemacht

1. Die Kartoffeln schälen, waschen und in dünne Scheiben hobeln. Die Zwiebeln schälen und würfeln. Den Backofen auf 250° C vorheizen.

2. Einen gußeisernen Topf mit dem Butterschmalz einfetten. Die Hälfte der Kartoffelscheiben hineinschichten, darauf die Zwiebeln und die Gewürze verteilen.

3. Die Kaninchenkeulen darauf legen. Mit dem Rest der Kartoffeln so umlegen, daß die Oberfläche des Fleischs mit der der Kartoffeln bündig ist. Den Wein angießen.

4. Das Gericht im Backofen etwa 25 Minuten garen. Die Sahne über die Kartoffeln gießen und alles etwa 30 Minuten weiterbacken, bis sich eine braune Kruste bildet. Im gußeisernen Topf auf den Tisch bringen. (auf dem Foto)

Beilage

Hierzu eignet sich jede Art von Blattsalat. Ein passendes Dressing finden Sie rechts.

Kulinarisches

Das rheinhessische Traditionsgericht „Backesgrumbeere", zu dem rheinhessischer Wein nicht nur getrunken wird, ist hier von Rudolf Hemmerich in moderner Form abgewandelt worden.

Weinempfehlung

Ausschlaggebend für das Geschmacksbild sind das etwas strenge Kaninchenfleisch und die Wacholderbeeren. Wenngleich die Kartoffeln etwas neutralisierend wirken, könnten Duft und Geschmack als etwas rauh und herb mit Bittertönen bezeichnet werden, wenn nicht der Wein entscheidend eingreift. Da der Wein durch den Garvorgang deutlich reduziert wird, also in Geschmack und Duft intensiviert wird, sollte als Wein die gleiche Rebsorte mit etwas höherer Qualität angeboten werden, beispielsweise zum Garen Qualitätswein b.A. und bei Tisch eine trockene Spätlese. Rotweine sind ebenso geeignet wie Weißweine, nur Säure oder Gerbstoff dürfen beim Kochwein nicht sehr betont sein.

Rudolf Hemmerichs Salatdressing für Blattsalate

Zubereitungszeit: etwa 10 Minuten

Sie benötigen für etwa 600 ml
50 ml Auslese-Weinessig
2 bis 3 EL Balsamessig
(Aceto balsamico)
2 bis 3 EL Himbeeressig
75 ml Prädikats-Weißwein, z.B. eine
Riesling-Trockenbeerenauslese
100 ml kaltgepreßtes Olivenöl
200 ml Traubenkernöl
1 EL Salz
1 EL Zucker
weißen Pfeffer aus der Mühle

So wird's gemacht

1. Alle Zutaten zusammen im Mixer oder mit dem Handrührgerät aufschlagen. In ein großes Glas oder in eine Flasche füllen und im Kühlschrank lagern (hält sich etwa 1 Woche).

2. Das Dressing vor Gebrauch kräftig durchschütteln, damit sich alle Zutaten wieder gut miteinander zu einer Emulsion mischen.

Dibbehas

Zubereitungszeit: etwa 1 3/4 Stunden

Sie benötigen für 4 Portionen
700 g Hasenfleisch von Rücken oder Keule (ohne Knochen)
200 g Schweinebauch
100 g Zwiebeln
50 g Gewürzlebkuchen
etwas Salz, schwarzen Pfeffer
etwas zerdrückten Knoblauch
1 Nelke und 1 Lorbeerblatt, gestoßen
1/8 l Weinessig
1/4 l Rotwein

So wird's gemacht

1. Den Backofen auf 200° C vorheizen. Das Hasenfleisch in mundgerechte Stücke, den Schweinebauch in dünne Scheiben schneiden. Die Zwiebeln schälen und würfeln; den Lebkuchen zerkrümeln.

2. In einem gußeisernen flachen Topf (einem Dibbe) die Hälfte der Zwiebelwürfel, dann den Gewürzlebkuchen, den Schweinebauch und das Hasenfleisch geben. Gut mit Salz, Pfeffer, Knoblauch, Nelke und Lorbeer würzen. Darauf die restlichen Zwiebelwürfel verteilen.

3. Essig und Rotwein angießen. Den Topf mit einem Deckel gut verschließen und alles im Backofen etwa 90 Minuten garen.

4. Den Dibbehas im gußeisernen Geschirr auf den Tisch bringen.

Beilagen

Dazu gibt es Kartoffelklöße (Seite 68) und Rotkohl (landesüblich Rotkraut genannt).

Weinempfehlung

Gewürzlebkuchen vermittelt etwas Süße und deutliche Würze. Essig und Rotwein sorgen dafür, daß das Gericht etwas süß-sauer und deutlich würzig mit intensivem Wildcharakter schmeckt. Bukettbetonte, gerbstoffreiche Rotweine sind die beste Kombination: trockene Spätlesen vom Spätburgunder und Dornfelder, oder, wenn es etwas Besonderes sein soll, Ingelheimer Frühburgunder.

Dillküchlein, mit Räucherlachs und Gurkengemüse gefüllt

Zubereitungszeit: etwa 1 Stunde
Ruhezeit: mindestens 2 Stunden

Sie benötigen für 4 Portionen

Für den Teig
70 g Mehl
200 ml Milch
1 frisches Ei
etwas Salz
weißen Pfeffer
schwarzen Pfeffer aus der Mühle
geriebene Muskatnuß
1 Bund Dill
Fett zum Braten

Für die Füllungen
1 kleine Salatgurke
2 Schalotten
1 EL Butter
etwas Salz
schwarzen Pfeffer aus der Mühle
250 g Crème fraîche
etwas Zitronensaft
1 TL geriebenen Meerrettich (Fertigprodukt)
200 g Räucherlachs in Scheiben
4 EL Schmand (saure Sahne extra)

Außerdem
8 Kirschtomaten

So wird's gemacht

1. Das Mehl mit der Hälfte der Milch in einer Schüssel mit einem Schneebesen glattrühren. Erst dann die restliche Milch, das Ei und die Gewürze darunterrühren.
2. Den Dill waschen, gut abtupfen, 4 Spitzen für die Garnitur beiseite legen und die restlichen fein schneiden. In den Teig geben und alles gut durchrühren. Den Teig mindestens 2 Stunden ruhen lassen.
3. Derweil die Gurke schälen und der Länge nach halbieren. Die Kerne mit einem Löffel herausschaben und die Gurke in sehr dünne Scheiben schneiden.
4. Die Schalotten schälen, in feine Würfel schneiden und in der Butter glasig dünsten. Die Gurkenstücke dazugeben, mit Salz und Pfeffer leicht würzen und abgedeckt bei leichter Hitze etwa 10 Minuten garen lassen.
5. Die Gurken mit einem Schaumlöffel aus dem Topf nehmen. Die Crème fraîche in den Topf geben und einkochen, bis sie leicht eindickt. Nun die Gurken wieder hinzufügen und alles mit Zitronensaft, Meerrettich, Salz und Pfeffer abschmecken.
6. Aus dem Teig in heißem Fett 4 Küchlein mit einem Durchmesser von 20 cm backen.
7. Den Räucherlachs Scheibe an Scheibe auf 2 Küchlein legen und mit Schmand bestreichen. Die Küchlein einzeln so fest wie möglich zusammenrollen. Auf die restlichen beiden Küchlein das Gurkengemüse geben und die Küchlein ebenfalls fest zusammenrollen.
8. Die Rollen mit einem scharfen Messer schräg in etwa 1 cm dicke Scheiben schneiden. Diese auf Tellern anrichten. Mit den gewaschenen Kirschtomaten und den Dillspitzen garnieren.
(auf dem Foto: links)

Kulinarisches

Diese Vorspeise ist der „Renner" in den Rheinhessen-Stuben in Hahnheim. Die Röllchen werden dort mit Buchweizenmehl gebacken.

Weinempfehlung

Hauptmerkmale liefern der frische Dill (süßlich-bitter) und der salzig-rauchige Charakter des Lachses, der gleichzeitig auch etwas fettig ist. Hierzu benötigt man Weine mit mäßiger Säure und etwas betontem Bukett, wie herzhaften, trockenen Rivaner (Müller-Thurgau), saftigen Kerner Spätlese oder Grauburgunder Kabinett. Ein gut gereifter Riesling paßt besonders zu den mit Gurke gefüllten Küchlein.

Steinpilz-Lauch-Torte

Zubereitungszeit: etwa 1 1/4 Stunden

Sie benötigen für 4 Portionen

Für den Quark-Öl-Teig
125 g Magerquark, 3 EL Milch
4 EL Öl, 1 frisches Ei
1 Prise Salz
1 Msp. Backpulver
200 g Mehl
etwas Butter für das Blech

Für den Belag
150 g Kartoffeln
500 g Lauch
150 g Steinpilze
1 kleine Zwiebel
200 g Butter
etwas Salz, schwarzen Pfeffer
geriebene Muskatnuß
gemahlenen Koriander
4 frische Eigelbe

So wird's gemacht

1. Für den Belag die Kartoffeln mit der Schale kochen, abgießen, abschrecken, pellen und in Würfel schneiden. Den Backofen auf 220° C vorheizen.

2. Für den Teig den Quark mit Milch, Öl, Ei und Salz verrühren. Die Hälfte des mit dem Backpulver gemischten Mehls mit dem Handrührgerät unterrühren. Das restliche Mehl mit der Hand unterkneten.

3. Den Teig in eine eingefettete Springform (26 cm Ø) legen und rundherum einen Rand hochziehen. Im Ofen etwa 10 Minuten vorbacken.

4. Derweil den Belag vorbereiten: Von den Lauchstangen das Weiße und Hellgrüne in feine Ringe schneiden, waschen und trockenschleudern. Die Steinpilze putzen und in Scheiben schneiden.

5. Die Zwiebeln würfeln und in einem Viertel der Butter andünsten, dann den Lauch dazugeben und kurz mitdünsten. Die Pilze dazugeben. Zum Schluß die Kartoffelwürfel unterheben. Alles gut mit Salz, Pfeffer und Muskat sowie nach Geschmack mit Koriander würzen. Auf den vorgebackenen Boden geben.

6. Die Torte noch etwa 20 Minuten backen. Inzwischen die restlichen 150 g Butter klären. Das heißt die Butter langsam erhitzen, bis sie durchsichtig und rein aussieht. Dann die Butter stehen lassen, so daß die Unreinheiten zu Boden sinken. Die Butter abschäumen und in ein anderes Gefäß abgießen, um den Bodensatz zu entfernen.

7. Die Butter mit den Eigelben verschlagen. Die fertige Torte damit übergießen und noch einmal etwa 5 Minuten backen, bis der Guß gestockt ist. Die Torte warm servieren.

(auf dem Foto: rechts)

Weinempfehlung

Die Steinpilze und der süßlich-scharfe Lauch geben der Torte einen pikanten Hauch, der durch den Koriander in der Würze verstärkt wird. Durch Butter und Ei wird die Torte etwas mächtig. Besonders gut passen daher ausgereifte Weine mit leicht anklingender Süße: halbtrockene Spätlesen von Riesling, Kerner oder Silvaner.

Poularden-Pfannkuchen-Torte mit Rotweinsauce

Zeit zum Quellen: etwa 12 Stunden (über Nacht)
Zubereitungszeit: etwa 1 Stunde

Sie benötigen für 4 Portionen

Für die Poulardenfüllung

- 20 g getrocknete Steinpilze
- 250 g Poulardenbrust
- 1 Becher süße Sahne (200 g)
- etwas Salz, weißen Pfeffer
- 1 frisches Eigelb
- 6 Basilikumblätter

Für die Pfannkuchen

- 3 EL Butter
- 4 frische Eier
- 120 g Mehl
- 1/8 l Wasser
- 1/4 l Milch
- etwas Salz
- Butter zum Backen

Für die Rotweinsauce

- 2 Schalotten
- 5 EL Rotwein
- 1/8 l braunen Kalbsfond (Fertigprodukt)
- 5 EL kalte Butter
- 4 Basilikumblätter
- etwas Salz
- schwarzen Pfeffer aus der Mühle

So wird's gemacht

1. Die Pilze für etwa 12 Stunden (über Nacht) in 1/4 l Wasser einweichen. Die Poulardenbrust und die Sahne kühlen.
2. Am nächsten Tag den Ofen auf 160° C vorheizen. Die Poulardenbrust grob würfeln und mit Salz sowie Pfeffer im Mixer zu einer glatten Masse pürieren. Das Eigelb darunterziehen und nach und nach die flüssige Sahne mit einem Holzlöffel hineinrühren.
3. Die eingeweichten Pilze und die gewaschenen Basilikumblätter fein hacken, in die Geflügelmasse einrühren und diese, wenn nötig, nochmals salzen und pfeffern.
4. Den Pfannkuchenteig herstellen: Die Butter zerlassen und in einen Mixer geben. Nacheinander Eier, Mehl, Wassser, Milch und Salz daruntermixen.

5. Eine beschichtete Pfanne erhitzen, leicht ausbuttern und aus dem Teig nacheinander 8 dünne, gleich große Pfannküchlein backen.
6. Ein Siebtel der Geflügelmasse auf einen Pfannkuchen (liegt auf dem Backblech) streichen, darauf einen zweiten Pfannkuchen legen. Diesen wieder mit einem Siebtel der Masse bestreichen. So fortfahren, bis eine Schichttorte entstanden ist.
7. Die Torte im Ofen auf der untersten Schiene etwa 25 Minuten garen.
8. Derweil für die Sauce die Schalotten schälen, fein würfeln und im Rotwein kochen, bis die Flüssigkeit verdampft ist. Dann den Kalbsfond angießen, etwas einkochen lassen und die kalte Butter in Flocken darunterziehen. Die Basilikumblätter waschen, grob hacken und dazugeben. Mit Salz und Pfeffer abschmecken.
9. Die Torte nach dem Backen etwas abkühlen lassen und in 8 Stücke schneiden. Diese auf einer Platte anrichten. Die Sauce dazu reichen.
(auf dem Foto: links)

Weinempfehlung

Die Wahl des Weins ist weitgehend von der Rotweinsauce abhängig. Rotwein ist also angesagt, am besten ein etwas gereifter, feinaromatischer, der nicht so gehaltvoll sein sollte. Trockene Kabinettweine vom Spät- oder Frühburgunder sind gut geeignet.

Kartoffelpfannkuchen mit Lauch-Pfifferling-Füllung

Zubereitungszeit: etwa 1 1/4 Stunden

Sie benötigen für 4 Portionen

Für die Füllung

150 g Lauch
150 g Pfifferlinge
1 EL Butter
etwas Salz, schwarzen Pfeffer
geriebene Muskatnuß
1 EL Weißwein
100 g Crème double

Für den Pfannkuchen

2 bis 3 große Kartoffeln
1/2 Bund Petersilie, 1/2 Bund Kerbel
etwas Salz, schwarzen Pfeffer
4 EL Butterschmalz

Für den Teigdeckel

1 Platte tiefgefrorenen Blätterteig
etwas Mehl zum Ausrollen
1 Ei zum Bestreichen

So wird's gemacht

1. Den Lauch putzen, in feine Streifen schneiden und waschen. Die Pfifferlinge putzen. Die Butter in einer backofenfesten Pfanne zerlassen und den Lauch darin andünsten. Die Pilze dazugeben und kurz mitdünsten. Mit Salz, Pfeffer und Muskat würzen. Mit dem Weißwein ablöschen und die Crème double hineinrühren. Sämig einkochen lassen.
2. Die Kartoffeln schälen, waschen und von Hand grob raspeln. Die Kräuter waschen, trockentupfen, fein hacken und untermischen. Salzen und pfeffern. Das Butterschmalz in einer Pfanne erhitzen, die Kartoffeln einstreuen, etwas andrücken und von beiden Seiten zu einem goldbraunen Pfannkuchen backen.
3. Den Backofen auf etwa 220°C vorheizen. Für den Teigdeckel die Blätterteigplatte antauen lassen und auf der bemehlten Arbeitsplatte hauchdünn ausrollen.
4. Das überschüssige Bratfett aus der Kartoffelpfanne abgießen (die Kartoffeln bleiben in der Pfanne). Die Lauch-Pfifferling-Masse vorsichtig auf den Pfannkuchen geben. Den Blätterteig auf Pfannengröße zuschneiden, auf die Lauchmasse legen und mit dem verquirlten Ei bestreichen.
5. Die Pfanne in den Ofen schieben und alles 8 bis 10 Minuten backen. Den Pfannkuchen in Portionen schneiden und anrichten.

(auf dem Foto: rechts)

Weinempfehlung

Neben Lauch und Pfifferlingen ist der frische Kerbel besonders geschmacksbestimmend. Sein süßliches Aroma, das leicht an Anis erinnert, verpflichtet zu einem feinaromatischen Wein mit leichter Kräuternote. Trockene bis halbtrockene Kabinettweine von Rivaner (Müller-Thurgau), Kerner und Bacchus passen optimal.

Eintopf mit Schweineschulter und Kartoffelklößen

Zubereitungszeit: etwa $1^{1}/_{2}$ Stunden

Sie benötigen für 4 Portionen

Für den Eintopf

- 2 Zwiebeln
- 750 g Schweineschulter
- 1 EL Schweineschmalz
- etwas Salz
- schwarzen Pfeffer aus der Mühle
- 1 kleine Knoblauchzehe
- 5 Sellerieblätter
- 2 Liebstöckelblätter
- $^{3}/_{4}$ l Wasser
- 2 Bund kleine Möhren mit Grün
- geriebene Muskatnuß
- 1 Bund krause Petersilie

Für die Klöße

- 500 g mehligkochende Kartoffeln
- $^{1}/_{2}$ TL Kümmel
- 1 frisches Eigelb
- 2 geh. EL Weizenmehl
- 4 EL Kartoffelstärke
- etwas Salz
- geriebene Muskatnuß
- 1 Brötchen
- 2 EL Butter

Weinempfehlung

Sellerie und Liebstöckel prägen den Eintopf, von den Möhren erhält er ein feinsüßes Geschmacksbild. Weine mit mäßig betonter Säure und feinwürziger Note sind hier besonders zu empfehlen. Saftig-trockener Rivaner (Müller-Thurgau), halbtrockener Riesling, Kerner oder Bacchus, aber auch herzhafter Grauburgunder bieten eine angenehme Ergänzung.

So wird's gemacht

1. Die Zwiebeln schälen und fein würfeln. Das Fleisch in mundgerechte Würfel schneiden. Die Zwiebeln im Schmalz glasig dünsten. Das Fleisch dazugeben, salzen und pfeffern. Die Knoblauchzehe schälen, zerdrücken und zusammen mit den gewaschenen, kleingeschnittenen Sellerie- und Liebstöckelblättern zum Fleisch geben.

2. Das Fleisch zugedeckt unter zeitweiligem Umrühren Saft ziehen lassen. Nach 20 Minuten $^{3}/_{4}$ l Wasser angießen und alles nochmals 25 Minuten köcheln lassen.

3. Inzwischen die Möhren schälen, waschen und in gleich dünne Scheiben schneiden. Zum Fleisch geben und mitgaren. Den Eintopf mit Salz und Muskat nachwürzen.

4. 2 l Wasser zum Kochen bringen, mit Kümmel würzen und die Kartoffeln mit der Schale etwa 25 Minuten kochen. Heiß schälen und durch die Kartoffelpresse drücken. Auf keinen Fall eine Küchenmaschine verwenden, denn dann klebt die Kartoffelmasse und ist nicht mehr für Klöße zu verwenden.

5. Eigelb, Mehl und 2 Eßlöffel der Kartoffelstärke unter die Kartoffeln arbeiten. Den Kloßteig mit Salz und Muskat abschmecken. Mit feuchten Händen kleine Klöße formen.

6. Das Brötchen in kleine Würfel schneiden und in der Butter goldbraun rösten. Die Würfel in die Mitte der Klöße geben und die Löcher wieder verschließen. Die Klöße in 2 Eßlöffeln Kartoffelstärke abrollen.

7. 2 l Wasser in einem Topf zum Kochen bringen und salzen. Die Klöße in 20 Minuten im knapp siedenden Wasser gar ziehen lassen.

8. Den Eintopf nochmals erwärmen und zusammen mit den Klößen in einer Terrine servieren.

(auf dem Foto: unten)

Tip

Machen Sie mit einem kleinen Kloß eine Garprobe. Zerfällt er, dann arbeiten Sie noch etwas Mehl in den Teig ein.

Mainzer „Brezknödel"

Zubereitungszeit: etwa $1^{1}/_{4}$ Stunden

Sie benötigen für 4 Portionen

- 150 g frische Laugenbrezeln (ohne Salz)
- 100 ml Milch
- 3 Eier
- 1 Bund Petersilie
- 1 kleine Zwiebel
- 2 EL Butter
- etwas Salz
- weißen Pfeffer aus der Mühle
- geriebene Muskatnuß
- 1 EL Butter zum Einfetten

So wird's gemacht

1. Die Brezeln in dünne Scheiben oder Würfel schneiden. Die Milch aufkochen, leicht abkühlen lassen und zusammen mit den Eiern zu den Brezeln geben.

2. Die Petersilie waschen, trockentupfen und fein hacken. Die Zwiebel schälen und fein würfeln. Beides in einer Pfanne in 1 Eßlöffel Butter andünsten. Zur Brezelmasse geben. Alles mit einem Löffel vorsichtig durchheben. Mit Salz, Pfeffer und Muskat würzen.

3. Ein großes Stück starke Aluminiumfolie mit 1 Eßlöffel Butter einstreichen. Die Brezelmasse zu einer 3 cm dicken Rolle formen und in die Folie einwickeln. Die Enden der Folie wie bei einem Bonbon zusammendrehen, so daß die Rolle wasserdicht verschlossen ist.

4. Dann 1 l Wasser in einem Topf zum Kochen bringen und die Brezelrolle darin etwa 30 Minuten leicht siedend garen.

5. Die Rolle kurz abkühlen lassen. Dann die Brezelrolle vorsichtig aus der Folie nehmen und schräg in fingerdicke Scheiben schneiden.

6. Nun 1 Eßlöffel Butter in einer Pfanne erhitzen und die Scheiben darin goldgelb braten.

(auf dem Foto: oben)

Tip

„Brezknödel" passen hervorragend zu Wild, aber auch zu allen anderen Arten von Braten.

TOTO
RÖMER PILS
Heute im Angebot!

„Im Lande zu Hessen hat's große Berge und nichts zu essen." Gottlob ist das nicht überall so! Dem rauhen Land rings um den Vogelsberg und die Rhön steht die Wetterau gegenüber, und den kargen Höhen des Thüringer Waldes und des Eichsfelds die „Goldene Aue" und die Felder rund um die „Gemüse-Hauptstadt" Erfurt.

Doch seitdem wir auf dem Luftweg mit frischem Obst und Gemüse aus aller Welt versorgt werden, gibt es keinen Mangel mehr – Schmalhans hat seine Küchenmeisterstelle abgegeben. Zumindest erscheint einem das auf dem Markt so: die Auslagen sind voll mit den schönsten und verführerischsten Früchten aus aller Herren Ländern. Da erscheint uns das Anknüpfen an eine regionale Küchentradition wie eine kulturgeschichtliche Reise ins Gestern. Interessant, gewiß. Aber „schmeckenswert?" Versuchen Sie doch einmal eine Schusterpastete (aus Pellkartoffeln, Bratenresten und Hering) oder einen Schnitzelkloß (nein, kein anonymes Schnitzel, sondern ein Hefekloß mit gedörrten Äpfeln und Birnen oder Backpflaumen). Da liegt die Landschaft auf der Zunge. Bei einem solchen Gericht können Sie genüßlich Ihren nächsten Urlaub planen.

Thüringen ist das Paradies der Klöße. Man hat viele Namen dafür, wie Höbes oder Hütes, Griebeniffte, Grüne oder Halbseidene oder Watteklöße. Der Anfänger auf dem Gebiet der „Kloßologie" merke sich: Grüne Klöße bestehen ganz oder jedenfalls zum größten Teil aus rohen Kartoffeln. Watteklöße, wie die Seidenen, aus gekochten Kartoffeln. Halbseidene Klöße sind nichts Ehrenrühriges, wie man vermuten könnte, sondern einfach halb aus rohen und halb aus gekochten Kartoffeln.

Dann gibt es noch die Thüringer Rostbratwurst, in deren Ruhm sich das ganze Land sonnt. Sie besteht aus einer Mischung aus grobem Kalb- und Schweinefleisch.

Aber auch Hessen hat kulinarisch etwas zu bieten: Die Grüne Sauce ist eine Frankfurter Spezialität. Zu dem Ruf der Stadt hat sie ebenso beigetragen wie die Bankhochäuser. Die Grüne Sauce ist nicht nur vorzüglich im Geschmack, sie ist mit ihren sieben Kräutern im zeitigen Frühjahr ein willkommener Vitaminstoß. Die „Grie Sooß", wie die Frankfurter sagen, war auch die Lieblingssauce der Frau Rat Goethe, womit die Verbindung zwischen der Reichsstadt Frankfurt und der Residenz Weimar, zwischen Kommerz und Geist, hergestellt ist.

Gebratene Forelle mit Gemüse und Senfsauce

Zubereitungszeit: etwa 45 Minuten

Sie benötigen für 4 Portionen

Für Fisch und Gemüse
- 4 küchenfertige Forellen
- 250 g Lauch
- 250 g Möhren
- 250 g Kohlrabi
- 4 EL Butter
- etwas Salz
- etwas Zitronensaft
- etwas Mehl

Für den Sud
- 1 Zwiebel
- 1 Lorbeerblatt
- 2 Nelken
- etwas Salz
- 3/4 l Wasser

Für die Sauce
- 2 EL Butter
- 2 EL Mehl
- 1/8 l trockenen Weißwein
- 1 EL Senf
- etwas Salz
- etwas Zitronensaft

So wird's gemacht

1. Die Forellen waschen, Köpfe, Schwänze und Flossen abschneiden und die Fische filetieren. Dabei die Haut an den Filets belassen.

2. Für den Sud die Zwiebel schälen und grob würfeln. Fischköpfe, Flossen und Gräten mit der Zwiebel, dem Lorbeerblatt, den Nelken und etwas Salz in 3/4 l Wasser geben. Alles aufkochen, etwa 10 Minuten ziehen lassen, dann durch ein Sieb geben.

3. Inzwischen Lauch, Möhren und Kohlrabi putzen, evtl. schälen und waschen. In feine, dünne Streifen schneiden. Diese in 2 Eßlöffeln Butter 3 bis 4 Minuten dünsten. Warm stellen.

4. Für die Sauce die Butter schmelzen lassen. Das Mehl darin anschwitzen und alles unter Rühren mit dem Wein ablöschen. Anschließend etwa 150 ml Fischsud angießen, kurz durchkochen lassen und mit Senf, Salz und Zitronensaft abschmecken.

5. Die Forellenfilets mit Salz und Zitronensaft würzen. In Mehl wenden und in 2 Eßlöffeln Butter knusprig braten.

6. Die Forellenfilets mit Gemüse und Sauce auf vorgewärmten Tellern anrichten.

Beilage

Dazu reicht man Pellkartoffeln.

Weinempfehlung

Die zarte Forelle bekommt durch das Braten einen etwas buttrig-süßen Geschmack, der durch den Senf der Sauce kompensiert wird. Der Gesamteindruck ist mild-würzig, mit feiner Schärfe. Dazu passen besonders gut leichte, halbtrockene bis trockene Weißweine mit zart betonter Säure, z.B. Riesling oder Weißburgunder Kabinett aus dem Rheingau oder von der Hessischen Bergstraße.

Schweinshaxe mit Backobst

Zubereitungszeit: etwa 3 Stunden

Sie benötigen für 4 Portionen

2 Schweinshaxen (Hinterhaxen)
à 1 kg (Jörg Mempel empfiehlt die Hinterhaxen, weil sie saftiger sind)
etwas Salz
schwarzen Pfeffer aus der Mühle
etwas zerdrückten Knoblauch
2 Möhren
1 Stück Sellerieknolle (etwa 100 g)
2 Zwiebeln
1 l Fleischbrühe (Fertigprodukt)
etwas Kartoffelstärke
500 g gemischtes Backobst

So wird's gemacht

1. Den Backofen auf 200° C vorheizen. Die Haxen mit Salz, Pfeffer und wenig Knoblauch einreiben. Danach das Fleisch mit einer Schwartenseite nach unten in einen Bräter legen und 1/8 l Wasser angießen. In den vorgeheizten Ofen schieben.

2. Während das Wasser im Bräter verdunstet, das Röstgemüse vorbereiten: Die Möhren und den Sellerie putzen, schälen und waschen, die Zwiebeln schälen. Alles in Würfel schneiden. Erst Möhren und Sellerie zum Fleisch geben, dann die Zwiebeln.

3. Wenn der Bratenansatz im Bräter den für die Sauce gewünschten braunen Farbton erreicht hat, vorsichtig durch ein Sieb das Fett abgießen (die Sauce wird dann nicht so „mächtig" und ist bekömmlicher). Nun die Fleischbrühe in den Bräter gießen und alles weitergaren. Durch das Loskochen der Röststoffe entsteht die Sauce.

4. Das Fleisch mit geschlossenem Deckel insgesamt etwa 2 Stunden schmoren, bis es weich ist. Anschließend die Haxen herausnehmen und warm stellen. Die Sauce aufkochen und mit etwas angerührter Kartoffelstärke binden. Durch ein Haarsieb geben und mit Salz sowie Pfeffer abschmecken.

5. Das Fleisch und die fertige Sauce wieder in den Bräter geben. Das Backobst kurz waschen und hinzufügen, damit es quellen kann. Etwa 30 Minuten zugedeckt bei kleiner Hitze auf dem Herd ziehen lassen.

6. Die Haxen teilen, damit sie vier Portionen ergeben, und mit dem Backobst auf einer vorgewärmten Platte anrichten. Die Sauce dazu reichen.

Beilagen

Zur Schweinshaxe mit Backobst ißt man Thüringer Klöße (Seite 75) und in Würfel geschnittene Zungenwurst.

Weinempfehlung

Die Schwarte der Haxen und das Backobst geben die Süße. Beim Garen entstehen Röststoffe, die von den aromatischen Früchten aufgesogen werden. Ähnliche Geschmackskomponenten finden wir in trockenen, alkoholreichen Weinen vom Weißburgunder und Grauburgunder, z.B. bei Spätlesen. Gleichwohl kann auch ein reifer Spätburgunder Weißherbst gereicht werden.

Rippchen mit Sauerkraut

Zubereitungszeit: etwa $1^3/_4$ Stunden

Sie benötigen für 4 Portionen

Für die Rippchen
- 1 kg gepökelte Rippchen
- 1 Bund Suppengemüse
- 1 Zwiebel
- 4 Nelken, 5 Pfefferkörner
- 2 Lorbeerblätter

Für das Sauerkraut
- 750 g Sauerkraut
- 2 Zwiebeln, 1 Apfel
- 1 EL Schweineschmalz
- 2 Lorbeerblätter
- 3 Wacholderbeeren
- $^1/_4$ l Weißwein

So wird's gemacht

1. Das Fleisch mit etwa $1^1/_2$ l Wasser aufsetzen. Das Suppengemüse putzen, waschen und grob zerkleinern. Die Zwiebel schälen und in große Stücke schneiden. Gemüse und Zwiebel zusammen mit den Gewürzen zum Fleisch geben. Alles etwa 30 Minuten zugedeckt kochen, dann etwa 1 Stunde ziehen lassen.

2. Inzwischen das Sauerkraut zerpflücken. Die Zwiebeln schälen und würfeln. Den Apfel schälen, entkernen und in Stücke schneiden. Das Schmalz in einem Topf erhitzen und die Zwiebeln darin andünsten. Den Apfel mit dem Sauerkraut und den Gewürzen dazugeben.

3. Das Kraut kurz anschmoren, den Wein angießen und alles etwa 40 Minuten zugedeckt köcheln lassen.

4. Das Fleisch herausnehmen und auf einer vorgewärmten Platte mit dem Sauerkraut anrichten.

Beilage

Zu den Rippchen mit Kraut gehört in Frankfurt Kartoffelpüree.

Weinempfehlung

Säurebetonte, halbtrockene Weine mit mittelkräftigem Körper passen gut zu diesem Gericht, z.B. Riesling Spätlese.

Sauerbraten Thüringer Art

Marinierzeit: 3 Tage
Zubereitungszeit: etwa $2^1/_2$ Stunden

Sie benötigen für 4 Portionen

Für die Marinade
- 1 Stange Lauch
- 2 Möhren
- 1 Stück Sellerieknolle (etwa 100 g)
- 1 l Wasser
- 2 Lorbeerblätter
- 10 Pimentkörner
- 100 ml Weinessig

Für den Braten
- 700 g Rinderbratenfleisch (falsches Filet)
- 2 Zwiebeln
- 2 Möhren
- 1 Stück Sellerieknolle (etwa 100 g)
- 3 EL Schmalz
- 1 EL Tomatenmark
- $1^1/_2$ l Fleischbrühe (Fertigprodukt)
- 3 Scheiben Graubrot
- etwas Salz
- schwarzen Pfeffer aus der Mühle

So wird's gemacht

1. Für die Marinade das Gemüse putzen, waschen und kleinschneiden. Aus 1 l Wasser, dem Gemüse, den Gewürzen und dem Essig eine Marinade kochen. Diese abkühlen lassen und das Fleisch hineinlegen (beachte: kein Salz in die Marinade!). Das Fleisch 3 Tage im Kühlschrank marinieren.

2. Danach das Fleisch herausnehmen und trockentupfen. Die Zwiebeln schälen und würfeln, die Möhren und Sellerie putzen, schälen und würfeln.

3. Das Fleisch im Schmalz von allen Seiten anbraten. Das Gemüse dazugeben und rösten, bis es goldbraun geworden ist. Das Tomatenmark dazugeben und weiterrösten, bis die Sauce den gewünschten braunen Farbton hat.

4. Eventuell überschüssiges Fett vorsichtig über ein Sieb abgießen. Den Braten mit der Fleischbrühe auffüllen. Das Graubrot in Stücken dazugeben (es wird zerkochen und der Sauce eine schöne Bindung geben).

5. Das Fleisch zugedeckt ungefähr 90 Minuten schmoren. Danach herausnehmen, warm stellen und etwa 10 Minuten ruhen lassen. Die Sauce durch ein Haarsieb geben, salzen und pfeffern und getrennt dazu reichen.
(auf dem Foto)

Beilagen

Reichen Sie dazu Thüringer Klöße (Rezept rechts) und Rotkohl.

Weinempfehlung

Nach dieser Rezeptur ist der Sauerbraten sehr mild und die Schmorsauce mit Röststoffen angereichert. Der Rotkohl rundet das Ganze ab. Gerbstoffbetonte und etwas von Säure geprägte Rotweine sind nahezu ideale Partner, wie z.B. ein trockener Rheingauer Spätburgunder.

Thüringer Klöße

Zubereitungszeit: etwa 1 Stunde

Sie benötigen für 4 Portionen

1 kg mehligkochende Kartoffeln
etwas Salz
etwas Milch
1 Scheibe Weißbrot

So wird's gemacht

1. Die Kartoffeln schälen und waschen. Ein Drittel davon in Salzwasser kochen, abgießen und zerstampfen. Etwas Milch darunterrühren, bis ein zähflüssiger Brei entsteht. Warm halten.

2. Die restlichen zwei Drittel Kartoffeln mit der Küchenmaschine fein reiben. Dabei den Brei in eine Schüssel mit etwas kaltem Wasser gleiten lassen, um eine Braunfärbung zu verhindern.

3. Das rohe Kartoffelmus in einem Stoffsäckchen gut auspressen. Das Wasser dabei in einer Schüssel auffangen – nach kurzer Ruhezeit setzt sich die Kartoffelstärke in der Schüssel ab. Sie unter die trockenen Kartoffeln mischen. Mit Salz würzen.

4. Den Kartoffelbrei über die rohen Kartoffeln geben und alles mit einem Kochlöffel kräftig durcharbeiten.

5. Das Weißbrot zu 1/2 cm großen Würfeln schneiden und in einer beschichteten Pfanne ohne Fettzugabe hellbraun rösten.

6. Mit feuchten Händen aus der noch warmen Kartoffelmasse faustgroße Klöße formen. Geröstete Brotwürfel in die Mitte eines jeden Kloßes geben und das Loch wieder verschließen.

7. In einem Topf 2 l Wasser zum Sieden bringen, salzen und darin die Klöße etwa 20 Minuten gar ziehen lassen. Niemals am Topf rütteln – Thüringer Klöße müssen allein „aufstehen".

(auf dem Foto)

Ochsenbrust mit Frankfurter grüner Sauce

Zubereitungszeit: etwa 2³/4 Stunden

Sie benötigen für 4 Portionen

Für das Fleisch
- 1 Stange Lauch
- ¹/2 Knolle Sellerie
- 2 Möhren
- 2 Gemüsezwiebeln
- 500 g frische Ochsenbrust
- 1 Lorbeerblatt, 2 Nelken
- etwas Salz

Für die Grüne Sauce
- 1 Paket mit Kräutern für Grüne Sauce, wie man es in Frankfurt auf dem Markt bekommt (ersatzweise je 1 Bund Schnittlauch, Petersilie, Kerbel, Pimpinelle, Sauerampfer, Dill und Borretsch)
- 4 frische Eier
- 3 EL Senf
- Saft von 1 Zitrone
- 3 Becher Joghurt (à 150 g)
- etwas Salz

So wird's gemacht

1. Lauch, Sellerie und Möhren waschen, putzen und kleinschneiden. Die Zwiebeln schälen und grob würfeln. Alles zusammen mit dem Fleisch und den Gewürzen in einem Topf mit 1¹/2 l Wasser aufkochen. Abschäumen und das Fleisch zugedeckt etwa 2¹/2 Stunden bei mäßiger Hitze garen.

2. Inzwischen die Kräuter waschen, abtrocken und fein hacken. Die Eier hartkochen, pellen und halbieren. Die Eigelbe herauslösen, mit einer Gabel zerdrücken und mit Senf und Zitronensaft verrühren. Die Eiweiße fein hacken.

3. Die Kräuter mit dem Joghurt mischen, mit der Senf-Eigelb-Mischung verrühren und das Eiweiß darunterziehen. Mit Salz und Zitronensaft abschmecken.

4. Das Fleisch aus der Brühe nehmen, in Scheiben schneiden und mit der Sauce servieren.

(auf dem Foto: links)

Beilage

Salzkartoffeln

Tips

Die Fleischbrühe können sie als Suppe verwenden.
Übrigens: Es muß nicht unbedingt Ochsenbrust sein, auch über hartgekochte, halbierte Eier gegossen, mundet die Grüne Sauce vorzüglich. Heute bereitet man sie leichter zu, mit Joghurt, und erspart sich damit das nach einem so vorzüglichen Essen sonst übliche Magendrücken. Grüne Sauce schmeckt auch zu Süßwasserfisch sehr gut.

Weinempfehlung

Kräuter und Senf sind die wesentlichen Geschmacksgeber. Ähnliche Geschmackskomponenten findet man in jungen Weinen von feinaromatischen, milden und feinrassigen Sorten. Wir empfehlen daher trockene Kabinettweine von Rivaner (Müller-Thurgau) oder Kerner.

Zammete mit Gurkensalat

Zubereitungszeit: etwa 40 Minuten

Sie benötigen für 4 Portionen

Für die Bratkartoffeln

1 kg gekochte Pellkartoffeln vom Vortag
100 g geräucherten Speck
1 große Zwiebel
etwas Salz, schwarzen Pfeffer
etwas Kümmel
$^1/_2$ l Buttermilch

Für den Gurkensalat

1 große Salatgurke
1 Bund Dill
3 EL Weinessig
etwas Salz
etwas Zucker
4 EL Öl

So wird's gemacht

1. Die Kartoffeln pellen und in Würfel schneiden. Den Speck würfeln, die Zwiebel schälen und würfeln.
2. Für den Salat die Gurke schälen und längs halbieren. Die Kerne mit einem Löffel herausschaben. Die Gurke in Stifte oder Scheiben schneiden.
3. Den Dill waschen, trockenschütteln und hacken. Den Essig mit etwas Salz und Zucker verrühren, das Öl darunterschlagen und den Dill dazugeben. Die Salatsauce mit den Gurken mischen.
4. Den Speck in einer großen Pfanne auslassen, die Zwiebeln dazugeben und glasig braten. Die Kartoffelwürfel hinzugeben und goldbraun braten. Mit Salz, Pfeffer und Kümmel würzen.
5. Die Bratkartoffeln in Suppenteller geben und mit Buttermilch begießen. Dazu den Gurkensalat reichen.

(auf dem Foto: rechts)

Weinempfehlung

Mäßig säurebetonter Silvaner oder reifer Riesling Qualitätswein b.A. trocken.

Schlachtesülze mit Schmand

Zubereitungszeit: etwa 25 Minuten

Sie benötigen für 4 Portionen

1 Zwiebel
1 kg Thüringer Sülzfleischwurst in Blasen (geräuchert)
1 EL Schmalz
1 Becher (175 g) Schmand (saure Sahne extra)

So wird's gemacht

1. Die Zwiebel schälen und würfeln. Die Sülzwurst von der Pelle befreien und ebenfalls in Würfel schneiden.
2. Die Zwiebel in einer großen Pfanne in heißem Schmalz dünsten. Die Sülzwurst dazugeben und etwa 10 Minuten braten. Dabei zerfällt die Wurst, und es entsteht ein herrlich würziges Wurstpüree.
3. Die Schlachtesülze zusammen mit dem glattgerührten Schmand anrichten.

Beilagen

Dazu ißt man Pellkartoffeln und Salat.

Weinempfehlung

Schlachtesülze und Schmand geben dem Gericht einen herb-süßen Geschmack. Durch das Dünsten wird die Würze verstärkt. Dazu passen besonders gut gealterte, trockene bis halbtrockene Spätlesen von Riesling oder Bacchus aber auch Ehrenfelser. Wird die Sülze scharf gebraten, kann auch ein zarter Traminer von Saale-Unstrut gereicht werden.

Himmel und Erde, einmal anders

Zubereitungszeit: etwa $1^1/_4$ Stunden

Sie benötigen für 4 Portionen

- 1 kg Kartoffeln
- 5 Zwiebeln
- etwas Salz
- etwas getrockneten Majoran
- 2 Eier
- 2 EL Mehl
- 3 EL Öl
- 300 g Thüringer Rotwurst (Blutwurst)
- 3 EL Butter
- 2 große Äpfel
- etwas Mehl zum Wenden
- 2 EL Petersilienblättchen

So wird's gemacht

1. Die Kartoffeln schälen und waschen. 1 Zwiebel schälen. Beides gemeinsam in der Küchenmaschine pürieren. Mit Salz und Majoran würzen und die Eier hinzugeben. Langsam etwa 2 Eßlöffel Mehl beifügen, bis alles einen glatten Teig ergibt.
2. Aus der Kartoffelmasse im heißen Öl kleine Puffer backen. Dabei die Puffer von jeder Seite etwa 3 Minuten braten. Die fertigen jeweils warm stellen, bis der gesamte Teig verbraucht ist.
3. Inzwischen die restlichen 4 Zwiebeln schälen und in Ringe schneiden. Die Rotwurst in Scheiben schneiden. Die Äpfel waschen, die Kerngehäuse ausstechen und die Äpfel auch in Scheiben schneiden.
4. Zwiebelringe, Wurst- und Apfelscheiben leicht in Mehl wenden. Wurst- und Apfelscheiben rasch in der heißen Butter von beiden Seiten anbraten, herausnehmen. Dann die Zwiebelringe kurz andünsten.
5. Die Puffer auf Tellern anrichten, Wurst- und Apfelscheiben darauf legen. Die Zwiebelringe darauf verteilen. Die Petersilie darauf streuen.
(auf dem Foto: unten)

Weinempfehlung

Reife, halbtrockene Rieslinge werden dem Apfel im Gericht besonders gerecht.

Tüschel mit Knackwurst

Zubereitungszeit: etwa 50 Minuten

Sie benötigen für 4 Portionen

- 8 altbackene Brötchen
- 4 frische Eier, $^1/_2$ l Milch
- etwas Salz, geriebener Muskat
- 400 g Thüringer Knackwurst (außerhalb Thüringens behilft man sich mit frischer oder geräucherter Mettwurst)
- etwas Öl
- 1 Bund Schnittlauch
- saure Sahne nach Belieben

So wird's gemacht

1. Den Backofen auf 200° C vorheizen. Die Brötchen in Würfel schneiden. Die Eier mit der Milch verrühren. Mit Salz und Muskat würzen.
2. Die Brötchenwürfel mit der Eiermilch mischen, nicht kneten. Die Knackwurst vom Darm befreien und in Würfel schneiden.
3. In eine mit Öl ausgepinselte Springform erst die Eiermilch mit den Brötchenwürfeln geben. Dann die Knackwurstwürfel darauf verteilen. Im Ofen etwa 30 Minuten backen.
4. Den Schnittlauch waschen, trockentupfen, in Röllchen schneiden und auf das Gericht streuen. Es nach Belieben mit wenig glattgerührter saurer Sahne oder Schmand begießen.
(auf dem Foto: oben)

Beilage

Gurkensalat

Kulinarisches

Jörg Mempel, Küchenchef im Restaurant „Erfordia" in Erfurt, hat dieses alte Thüringer Rezept für uns auf moderne Art verändert, um es dem heutigen Geschmack anzupassen.

Weinempfehlung

Scharfer Schnittlauch, milde Brötchenmasse und würzige Wurst – der Wein dazu sollte feine Würze, mäßige Säure und nicht allzu kräftigen Körper aufweisen. Wir empfehlen daher z.B. einen trockenen Grauburgunder Kabinett.

Speckpfannkuchen

Zubereitungszeit: etwa $1^1/_4$ Stunden

Sie benötigen für 4 Portionen

- 4 frische Eier
- 250 g Mehl
- etwas Salz
- $^1/_2$ l Milch
- 150 g fetten Speck
- Öl zum Braten

So wird's gemacht

1. Die Eier trennen. Aus Mehl, Eigelben, Salz und Milch einen glatten Teig rühren. Zugedeckt etwa 30 Minuten ruhen lassen.
2. Die Eiweiße steifschlagen und vorsichtig unter den Teig ziehen.
3. Den Speck in dünne Scheiben schneiden. Ein Viertel davon in Öl anbraten. Ein Viertel des Teiges darübergeben. Den Pfannkuchen in etwa 3 Minuten von einer Seite goldgelb backen, ihn dann wenden und nochmals etwa 3 Minuten backen. Herausnehmen und warmstellen. Drei weitere Pfannkuchen genauso backen.

Beilage

Speckpfannkuchen werden mit grünem Salat gegessen.

Weinempfehlung

Ein saftiger Grauburgunder trocken oder ein reifer Chardonnay passen gut zu diesem Gericht.

Franken

Franken ist wie Deutschland in kleinem Maßstab – ein Spannungsfeld zwischen zwei Prinzipien. Da ist einerseits das konservative Prinzip, das in Franken seinen höchsten Ausdruck im höfischen Prunk der Würzburger Residenz Balthasar Neumanns findet, mit seinem „Unterfutter" einer bäuerlichen Bevölkerung, die, was Rhön und Spessart betrifft, Not und Armut gewöhnt war. Dies ist der Nährboden für einen erdverbundenen Katholizismus, aber auch für blindwütigen Protest, wenn der Punkt des Erträglichen erreicht ist. Die Räuberbanden im Spessart sind nicht die einzigen, die davon Zeugnis ablegen.

Da ist andererseits das betriebsame Nürnberg: freie Reichsstadt, Hort der Gewerke und Künste, Nürnberger Ei und Nürnberger Tand, Lebkuchen, Dürer, Pirkeimer, frühes Druck- und Verlegerzentrum. Die Grundhaltung ist dort ein skeptischer Protestantismus. Was hätte daraus werden können, wenn Kolumbus nicht gewesen wäre? Das Zeitalter der Entdeckun-

gen nahm dem stolzen Nürnberg den Wind aus den Segeln, schickte es in die Flaute. Aber die bürgerlichen Primärtugenden siegten. Das Gemeinwesen ging nicht unter, im Schatten der mittelalterlichen Burg und rund um den Hauptmarkt entstand eine blühende Industrie.

Bekannt sind Nürnberger Bratwürste – sie sind klein, aber dafür essen die Nürnberger und ihre Gäste sechs oder gar zwölf davon auf zu einer Mahlzeit –- und Kraut, das angenehm mild dazu schmeckt. Doch darin erschöpft sich das Angebot der Küche nicht. Franken ist ein Land der Klöße und Knödel – beide Bezeichnungen laufen hier nebeneinander, je nachdem, ob die Bindungen an die mitteldeutschen Nachbarn oder an die oft mit Mißtrauen beobachteten Münchner stärker waren.

Die Speisenkarte wird opulenter, je weiter man den Main hinabkommt – ins Weinland. Da löst die Auswahl an frischem Gemüse Begeisterung aus. Selbst auf eigenen Spargel braucht man im Tal bei Volkach nicht zu verzichten. Wasser und Wald sind nahe, Fisch und Wild fester Bestandteil der Küche. Eine nette Geschichte rankt sich um den Würzburger Kärrnersbraten (Seite 83). Er soll eine Erfindung der Kärrnersfrauen sein, die in der Würzburger Kärrnersgasse auf die Rückkehr ihrer Männer warteten. Die Verheißung des Bratens bewegte ihre Männer dazu, nach erledigter Führe unverzüglich nach Hause zurückzukehren.

„Drunten im Unterland, da ist's halt fein", dieser Ausspruch paßt auf diesen Landstrich.

Gebackener Karpfen

Zubereitungszeit: etwa 25 Minuten

Sie benötigen für 4 Portionen

- 1 küchenfertigen Karpfen von 1,5 kg
- etwas Salz
- weißen Pfeffer aus der Mühle
- etwas Zitronensaft
- etwas Mehl
- 750 g Butterschmalz zum Ausbacken

So wird's gemacht

1. Den Karpfen unter fließendem Wasser abspülen und gut trockentupfen. Ihn dann längs teilen oder quer in 4 Portionsstücke schneiden.
2. Den Fisch salzen, mit Pfeffer bestreuen, mit etwas Zitronensaft beträufeln und in Mehl wälzen. Überschüssiges Mehl gut abklopfen.
3. Das Butterschmalz in einem großen Topf oder in einer Friteuse auf etwa 180° C erhitzen. Die Karpfenstücke vorsichtig hineingleiten lassen und etwa 10 Minuten schwimmend ausbacken.
4. Den Fisch auf vorgewärmten Tellern anrichten.

Beilage

Am besten paßt Kartoffelsalat. Wenn Sie typisch fränkisch kochen möchten, dann verwenden Sie dafür „Bamberger Hörnchen", eine bodenständige Sorte von Salatkartoffeln. Damit gelingt's besonders gut.

Weinempfehlung

Karpfen ist ein zarter, aber gleichzeitig fettreicher Fisch mit deutlichem Eigengeschmack. Durch das schwimmende Fett wird der Karpfen kroß, ist geschmacksintensiv und hat einen deutlich schmalzigen Charakter. Dies verlangt nach einem herzhaften, fülligen Wein mit starker Eigennote und milder Säure. Der ist als saftiger Rivaner (Müller-Thurgau) trocken in Franken überall zu finden. Wem der Rivaner nicht ebenbürtig genug erscheint, möge es mit einer trockenen Grauburgunder Spätlese versuchen.

Fränkischer Grashecht im Mainwiesenheu gegart mit Silvanersauce

Zubereitungszeit: etwa 45 Minuten

Sie benötigen für 4 Portionen

- 1 küchenfertigen jungen Hecht (etwa 1 kg), geschuppt
- etwas Salz, weißen Pfeffer
- etwas Zitronensaft
- 4 EL grob gehackte frische Kräuter Dill, Estragon, Petersilie, Thymian
- 3 EL Butter
- Mainwiesenheu (oder biologisches, unbehandeltes Heu aus der Tierhandlung)
- 1 Lorbeerblatt, 8 Pfefferkörner
- 6 Wacholderbeeren
- 1 Schalotte
- 1/8 l Fischfond (Fertigprodukt)
- 1/8 l Weißwein (fränkischer Silvaner)
- 1 Becher süße Sahne (200 g)
- geriebene Muskatnuß

So wird's gemacht

1. Den Backofen auf 150° C vorheizen. Den Hecht innen und außen mit Salz, Pfeffer und Zitrone einreiben. Die Kräuter in die Bauchhöhle legen.
2. Den Hecht in einer ausreichend großen Pfanne in 2 Eßlöffeln Butter kurz anbraten. Das Wiesenheu in einem Bräter ausbreiten. Lorbeerblatt, Pfefferkörner und Wacholderbeeren darauf geben. Den Fisch darauf legen und im Ofen etwa 20 Minuten garen. Er ist fertig, wenn sich die Rückenflosse problemlos herausziehen läßt. Dann den Fisch herausnehmen und warm stellen.
3. Für die Sauce die Schalotte schälen und würfeln. In 1 Eßlöffel Butter glasig dünsten und mit Fischfond und Wein aufgießen. Etwas einkochen lassen.
4. Die süße Sahne dazugeben (2 Eßlöffel zurücklassen) und die Sauce bei großer Hitze bis zur gewünschten Konsistenz einkochen lassen. Mit Salz, Pfeffer, Muskat und Zitronensaft abschmecken. Die restlichen 2 Eßlöffel Sahne steifschlagen und unterheben.
5. Den Hecht auf dem Heu servieren. Die Sauce getrennt dazu reichen.

Beilage

Breite Nudeln, möglichst hausgemacht

Weinempfehlung

Das Fleisch des Hechtes ist saftig und fest. Kräuter und duftendes Wiesenheu ergänzen das feine Aroma des Raubfisches vortrefflich. Ein außerhalb Frankens gewachsener Silvaner hätte hierbei einen schweren Stand, aber der feinwürzige, kraftvolle Silvaner vom Muschelkalkboden des Maindreiecks mit seiner verhaltenen Säure zeigt sich fränkisch trocken (maximal 4 g/l Restzucker) als idealer Partner. Alternativ können reife Rieslinge und Weißburgunder empfohlen werden.

Krautsalat mit Speck

Zubereitungszeit: etwa 50 Minuten

Sie benötigen für 4 bis 6 Portionen

- 1 kleiner Kopf Weißkohl (500 g)
- 1 kleine Zwiebel
- etwas Salz
- 3 EL Zucker
- 2 EL Weinessig
- etwas Wasser oder Weißwein
- 4 EL Sonnenblumenöl
- schwarzen Pfeffer aus der Mühle
- etwas Kümmel
- 100 g Bauchspeck

So wird's gemacht

1. Den Kohl putzen, Strunk sowie grobe Rippen entfernen. Die Zwiebel schälen. Beides sehr fein hobeln und mischen. Etwas Salz dazugeben, leicht andrücken und etwa 15 Minuten stehen lassen.
2. Den Zucker in einem Töpfchen ganz leicht karamelisieren lassen. Mit dem Essig und etwas Wasser oder Wein ablöschen. Mit dem Öl zusammen auf das Kraut geben. Den Salat mischen und mit Salz, Pfeffer sowie Kümmel abschmecken.
3. Den Speck würfeln, in einer kleinen Pfanne ohne Fett auslassen und knusprig braten. Ihn warm direkt vor dem Anrichten auf den Salat geben.
(auf dem Foto: links)

Würzburger Kärrnersbraten

Zubereitungszeit: etwa 3 Stunden

Sie benötigen für 6 Portionen

Für das Fleisch
1 kg Rinderbrust ohne Knochen (vom Metzger eine Tasche einschneiden lassen)
etwas Salz, schwarzen Pfeffer
1 Bund Suppengrün
1 Zwiebel (mit 1 Lorbeerblatt und 1 Nelke gespickt)
2 l Wasser
3 EL Butterschmalz

Für die Füllung
2 altbackene Brötchen
etwas Milch oder Wasser
3 mittelgroße Zwiebeln
3 EL Butter, 2 Eier
250 g Bratwurstbrät
1 Bund Petersilie
etwas Salz
schwarzen Pfeffer

Für die Sauce
1/8 l Weißwein
2 TL Tomatenmark
250 g süße Sahne
2 EL gehackte Petersilie

So wird's gemacht

1. Das Fleisch innen und außen mit Salz und Pfeffer einreiben.
2. Für die Füllung die Brötchen in wenig Milch oder Wasser einweichen. Die Zwiebeln schälen und würfeln. Die Butter in einer Pfanne erhitzen und die Zwiebelwürfel darin glasig braten.
3. Die Brötchen ausdrücken. Aus Brötchen, Zwiebeln, Eiern und Bratwurstbrät einen Teig kneten. Die Petersilie waschen, hacken und dazugeben. Nachwürzen.
4. Die Masse in die Tasche der Rinderbrust füllen. Die Öffnung zunähen oder zustecken.
5. Das Suppengrün waschen, putzen und zerkleinern. Mit der Spickzwiebel in einem Topf mit 2 l Wasser zum Kochen bringen. Das Fleisch darin etwa 1 Stunde bei mittlerer Hitze vorgaren. Es dann herausnehmen, gut abtropfen lassen. Die Brühe durchsieben und zur Seite stellen.
6. Den Backofen auf 180°C vorheizen. Das Fleisch in einem Bräter im heißen Butterschmalz rundherum goldbraun anbraten. Das noch nicht verkochte Suppengrün zugeben und 1/4 l Fleischbrühe angießen. Im Ofen etwa 1 Stunde fertiggaren. Öfter mit dem Bratfond begießen. Dann herausnehmen und warm stellen.
7. Aus dem Bratfond die Sauce herstellen. Dazu den Fond durchsieben und aufkochen. Weißwein, Tomatenmark und Sahne dazugeben und alles zur gewünschten Konsistenz einkochen. Die Petersilie in die Sauce geben.
8. Das Fleisch in Scheiben schneiden, auf einer vorgewärmten Platte anrichten. Die Sauce getrennt dazu reichen.

(auf dem Foto: rechts)

Beilage
Fränkische Klöße halb und halb und Krautsalat (Rezept Seite 82)

Weinempfehlung

Die Ochsenbrust bekommt durch die Füllung einen deutlich würzigen Charakter. Die Konzentration der Sauce und der von Speck und Kümmel geprägte Krautsalat bestimmen die Weinauswahl. Mit einer feinrassigen trockenen Bacchus Spätlese, deren Duft und Würze häufig an Kräuter und Kümmel erinnert, ist man gut beraten.

Knöchla mit Bauchstecherla

Zubereitungszeit: etwa 1 3/4 Stunden

Sie benötigen für 4 Portionen

Für die Knöchla

4 mittelgroße Schweinshaxen
von jeweils etwa 500 g
Salz
schwarzen Pfeffer aus der Mühle
Paprikapulver edelsüß
2 Knoblauchzehen
1 Zwiebel, 1 Möhre
1 Stück Sellerieknolle (etwa 50 g)
2 EL Schweineschmalz
500 g Schweineknochen mit Fleischresten, in nußgroße Stücke gehackt
etwas Kümmel
getrockneter Majoran
1/8 l Wasser
2 TL Pfeilwurzelmehl
(siehe Tip Seite 55)

Für die Bauchstecherla

500 g Mehl
1 frisches Ei
etwas Salz, etwas Wasser
100 g fetten Speck
1 EL Butter

So wird's gemacht

1. Die Knöchla in gut gesalzenem Wasser kurz blanchieren. Herausnehmen und die Schwarte mit einem sehr scharfen Messer gitterartig einschneiden. Die Haxen salzen, pfeffern und mit Paprikapulver sowie einer geschälten, zerdrückten Knoblauchzehe einreiben. Den Backofen auf 200° C vorheizen.
2. Die Zwiebel schälen und würfeln. Die Möhre und den Sellerie putzen, schälen, waschen und würfeln.
3. Das Schmalz in einem Topf erhitzen und das Röstgemüse sowie die Knochen darin anbraten. Etwas Kümmel, Majoran und die verbliebene geschälte Knoblauchzehe dazugeben.
4. Die Fettpfanne des Ofens mit der Mischung auslegen. Die Knöchla darauf setzen, 1/8 l Wasser angießen und das Fleisch im Backofen in gut 1 Stunde fertigbraten. Die Knöchla müssen am Ende der Bratzeit schön braun und knusprig sein.
5. Inzwischen die Bauchstecherla zubereiten. Dafür aus Mehl, Ei, Salz und Wasser einen festen Teig kneten.

6. Den Teig zu einer Rolle formen, mit einem Messer in gleich große Stücke teilen und diese zwischen den Handflächen zu kleinen Würstchen rollen. Diese sollen an den Enden spitz zulaufen, etwa 4 cm lang sein und in der Mitte etwa 1 cm Ø haben.
7. Reichlich Wasser in einem großen Topf zum Kochen bringen und salzen. Die Bauchstecherla darin etwa 10 Minuten bei milder Hitze garen (das Wasser darf in dieser Zeit nicht sprudelnd kochen). Wenn die Bauchstecherla oben schwimmen, sind sie fertig.
8. Die Nudeln mit dem Schaumlöffel herausnehmen und kurz abtropfen lassen. Den Speck in feine Streifen schneiden. Die Bauchstecherla in einer Pfanne in der Butter zusammen mit dem Speck goldbraun braten.
9. Die Knöchla herausnehmen und warm stellen. Die entstandene Bratensauce durchsieben und mit dem mit kaltem Wasser angerührten Pfeilwurzelmehl binden.
10. Die Knöchla auf einer vorgewärmten Platte servieren. Die Sauce und die Bauchstecherla dazu reichen.
(auf dem Foto: links)

Tip

Bauchstecherla empfiehlt Klaus Markert, damit das Essen nicht zu schwer wird. Wer „alt-fränkisch" tafeln möchte, wählt statt dessen Kraut und Erbsbrei mit Klößen oder Kartoffelsalat als Beilage.

Weinempfehlung

Kroß, mit sanftem Röstaroma, und saftig sind die Haxen. Herzhaft mit zartbitterer Note ist die Sauce. Kümmel und Majoran sind bestimmende Geschmackselemente. Dazu passen nur sehr eigenständige und kraftvolle Weine, deren Säure nicht betont sein sollte. Sehr reifer Silvaner, wenigstens eine trockene Spätlese vom Maindreieck, saftiger Kerner oder Bacchus oder vielleicht besser noch ein gut gereifter Spätburgunder aus Bürgstadt oder Klingenberg, lassen die Haxen zum Erlebnis werden.

Bamberger Krautbraten

Zubereitungszeit: etwa 1 1/2 Stunden

Sie benötigen für 4 Portionen

1 Kopf Weißkraut (etwa 500 g)
etwas Salz
2 Zwiebeln
4 EL Schweineschmalz
500 g gemischtes Hackfleisch
etwas Kümmel
schwarzen Pfeffer aus der Mühle
1 Lorbeerblatt
3 Nelken
1/4 l trockener Weißwein aus Franken
250 g Schweinefilet
150 g Räucherspeck
1 Becher saure Sahne (125 g)

So wird's gemacht

1. Vom Krautkopf die äußeren 12 Blätter ablösen. Wasser aufsetzen, salzen und die Blätter darin in etwa 10 Minuten halbweich kochen. Inzwischen den Strunk aus dem Krautkopf entfernen und das restliche Kraut in feine Streifen schneiden.
2. Die Zwiebeln schälen und würfeln. Mit dem kleingeschnittenen Kraut in 3 Eßlöffeln Schweineschmalz anbraten. Das Hackfleisch hinzugeben. Mit Salz, Pfeffer und Kümmel würzen. Das Lorbeerblatt und die Nelken dazugeben. Den Wein angießen und alles garen, bis das Kraut fast weichgegart ist.
3. Den Ofen auf 220°C vorheizen. Das Filet in dem restlichen Eßlöffel Schmalz anbraten.
4. Eine große feuerfeste Form ausfetten und mit 6 blanchierten Krautblättern auslegen. Die Hälfte der Hackfleischmischung darauf geben, das Filet darauf legen und mit der übrigen Hackfleischmischung und den restlichen 6 Kohlblättern bedecken.
5. Den Speck würfeln und zusammen mit der sauren Sahne auf den Krautbraten geben. Im Ofen in etwa 45 Minuten goldbraun backen. Den fertigen Braten mit einem elektrischen Sägemesser aufschneiden.
(auf dem Foto: rechts)

Beilagen

Kartoffelbrei und Feldsalat oder auch Bratkartoffeln und Kümmerlessalat (mit Sahne angemachter Gurkensalat)

Tip

Wenn Sie kein elektrisches Sägemesser besitzen, schneiden Sie das Filet vor dem Braten in mundgerechte Würfel. Dann läßt sich der Braten später mit einem herkömmlichen Messer besser schneiden.

Weinempfehlung

Kraut, Speck und Kümmel sind die bestimmenden Elemente – also sanfte Säure und ein rauchig-salziger Charakter mit deutlicher Würze. Saure Sahne und Frankenwein runden dieses Gesamtbild angenehm ab. Ein weicher Wein (milde Säure) mit feinem bis deutlichem Aroma, der durchaus leicht sein darf, wird ein angenehmer Partner sein. Wir finden diese Merkmale bei trockenen bis halbtrockenen Kabinettweinen der Sorten Rivaner (Müller-Thurgau), Kerner und Bacchus mit drei- bis vierjähriger Reife.

Wildschweinbraten aus dem Spessart

Marinierzeit: über Nacht
Zubereitungszeit: etwa 2 Stunden

Sie benötigen für 4 Portionen

gut 1 kg Wildschweinschulter
ohne Knochen
etwas Salz
schwarzen Pfeffer aus der Mühle
10 Wacholderbeeren
1 l trockenen Rotwein
(möglichst fränkischen)
1 Lorbeerblatt
1 Nelke
etwas gerebelten Thymian
gerebelten Majoran
1 Petersilienzweig
2 Knoblauchzehen
3 EL Öl
2 Zwiebeln
2 Möhren
1 kleine Sellerieknolle
1 kleine Stange Lauch
2 EL Tomatenmark
1 EL Johannisbeergelee
200 g saure Sahne

So wird's gemacht

1. Das Fleisch mit Salz, Pfeffer und den zerstoßenen Wacholderbeeren einreiben. In eine Schüssel legen, mit dem Rotwein begießen, Lorbeerblatt und Nelke, Thymian, Majoran, den Petersilienzweig und die geschälten Knoblauchzehen dazugeben. Das Fleisch über Nacht zugedeckt an einem kühlen Ort marinieren. In dieser Zeit einmal wenden.

2. Am nächsten Tag die Zwiebeln schälen und würfeln. Möhren, Sellerie und Lauch putzen, wenn nötig schälen, waschen und würfeln. Das Öl in einem Bräter erhitzen. Die Wildschweinschulter gut abtrocknen und im heißen Öl von allen Seiten goldbraun anbraten. Sie dann herausnehmen.

3. Das Gemüse in den Bräter geben und kurz durchrösten. Das Tomatenmark dazugeben und weiterrösten. Mit der durchgesiebten Marinade ablöschen und diese leicht einkochen lassen.

4. Die Wildschweinschulter wieder einlegen, das Johannisbeergelee hinzufügen, und alles 45 bis 60 Minuten zugedeckt bei schwacher Hitze schmoren.

5. Das Fleisch herausnehmen und warm stellen. Die Sauce durchsieben und mit der sauren Sahne auf die gewünschte Konsistenz einkochen. Die Sauce nochmals durch ein feines Sieb geben.
6. Das Fleisch auf einer vorgewärmten Platte anrichten und die Sauce getrennt dazu reichen.
(auf dem großen Foto: oben)

Beilagen

Rotkohl und fränkische Klöße. Letztere werden folgendermaßen zubereitet: 400 g mehligkochende Kartoffeln in der Schale kochen, pellen und zerstampfen. 400 g mehligkochende Kartoffeln schälen,fein reiben, mit etwas Zitronensaft mischen und gut ausdrücken. Den Kartoffelsaft auffangen, etwas stehen lassen und die sich abgesetzte Stärke zu den rohen Kartoffeln geben. Rohe und gekochte Kartoffeln mit 2 Eiern, etwas Salz, Pfeffer und Muskat mischen. 20 Minuten ruhen lassen. Weißbrotwürfel rösten und in die geformten Klöße geben. In heißem Salzwasser ziehen lassen, bis sie oben schwimmen.

Weinempfehlung

Geschmacksbestimmend sind die durch das scharfe Anbraten entstehenden Röststoffe und die Konzentration der Sauce. Gerbstoffbetonte, trockene Rotweine der Rebsorten Spätburgunder und Schwarzriesling oder etwas gealterte Domina sind deshalb bestens geeignet.

Blaue Zipfel

Zubereitungszeit: etwa 35 Minuten

Sie benötigen für 4 Portionen

4 Paar echte fränkische Bratwürste
2 große Zwiebeln
4 EL Weinessig, 1/2 l Wasser
1/4 l trockenen Weißwein (Frankenwein)
1 Möhre
1 Stück Sellerieknolle (etwa 100 g)
1 Petersilienwurzel
2 Lorbeerblätter, 1 Nelke
10 Pfefferkörner, 8 Wacholderbeeren
1 EL Senfkörner
1 Prise Salz, 1 Prise Zucker
1/2 Bund Petersilie

So wird's gemacht

1. Die Zwiebeln schälen und in Ringe schneiden. In dem Essig und 1/2 l Wasser kochen, bis sie weich sind.
2. Das Gemüse putzen, evtl. schälen, waschen und würfeln. Zusammen mit den übrigen Zutaten zu den Zwiebeln geben. Die Würste darin etwa 10 Minuten langsam garziehen lassen. Nicht kochen, sonst platzen die Würste!
3. Die Würste in einer großen Schüssel im Sud anrichten. Mit der gewaschenen Petersilie garnieren.
(auf dem großen Foto: unten)

Beilagen

Bauernbrot und Meerrettich

Weinempfehlung

Bestimmend ist hier der süß-saure und deutlich duftende Sud, aber auch die Leichtigkeit dieser typisch fränkischen Brotzeit. Junge, leichte Kabinettweine, nicht zu trocken und mit feiner Säure, eignen sich deshalb besonders gut. Wenn die Säure etwas deutlicher ist, sollte der Wein wenigstens halbtrocken sein: also halbtrockener Riesling oder Silvaner aus dem Bereich Steigerwald, sehr junger trockener Rivaner (Müller-Thurgau) vom Mainviereck oder trockener bis halbtrockener Bacchus vom Maindreieck.

KULINARISCHES

Fränkische Bratwürste sind die Grundlage dieses beliebten kleinen Gerichtes. Blaue Zipfel, oft auch Saure Zipfel genannt, werden überall und zu jeder Zeit gegessen: gegen den Hunger zwischendurch, allein und in Gesellschaft, beim Wein und, und, und.

Dätscher

Zeit zum Gehen: etwa 30 Minuten
Zubereitungszeit: etwa 50 Minuten

Sie benötigen

- 15 g Hefe (knapp 1/2 Würfel)
- etwas lauwarme Milch
- 500 g Mehl
- 200 g gekochte Pellkartoffeln vom Vortag
- 200 g zimmerwarme Butter
- 5 EL saure Sahne
- etwas Salz
- etwas Kümmel

So wird's gemacht

1. Die Hefe in etwas lauwarme Milch bröseln. Wenig Mehl dazugeben, alles verrühren und den Vorteig etwa 30 Minuten zugedeckt an einem warmen Ort gehen lassen.
2. Den Backofen auf 220° C vorheizen. Die Kartoffeln pellen und fein reiben. Zusammen mit dem Vorteig, dem restlichen Mehl und 150 g der Butter zu einem Teig verkneten.
3. Den Teig zu tellergroßen, dünnen Fladen ausrollen. Diese auf ein Backblech legen, mit den restlichen 50 g Butter und der sauren Sahne bestreichen und mit Salz sowie Kümmel bestreuen.
4. Die Fladen nacheinander im Ofen in jeweils etwa 12 Minuten goldgelb backen.

(auf dem Foto: oben rechts)

Tip

- Essen Sie die Fladen ganz frisch, also noch warm.
- Diese Fladen scheinen dazu geschaffen zu sein, zum Wein gegessen zu werden. Ideal also für die Weinprobe, aber auch, um einen kleinen Hunger zu stillen.

Spargel auf mainfränkische Art

Zubereitungszeit: etwa 40 Minuten

Sie benötigen für 4 Portionen

- 2 kg weißen Spargel
- 100 g Butter
- 1 TL Zucker
- Saft von 1/2 Zitrone
- 1 EL Salz
- 4 Scheiben Bauernbrot
- Butter zum Bestreichen
- 200 g geräucherte Gänsebrust in Scheiben
- 4 Radieschen
- 1 Bund Schnittlauch

So wird's gemacht

1. Den Spargel sorgfältig von oben nach unten schälen und die unteren Enden abbrechen oder etwas kürzen. 1 1/2 l Wasser mit Butter, Zucker und Zitronensaft aufkochen.
2. Den Spargel im Wasser etwa 20 Minuten köcheln lassen. Kurz vor Ende der Garzeit das Salz zufügen.
3. Inzwischen die Brotscheiben mit Butter bestreichen und mit der Gänsebrust belegen. Die Radieschen waschen, putzen und in feine Stifte schneiden. Den Schnittlauch waschen und in Röllchen schneiden. Beides auf die belegten Brotscheiben streuen.
4. Wenn der Spargel gar ist, ihn herausnehmen, abtropfen lassen und auf vorgewärmten Tellern anrichten. Die Brote dazu reichen.

(auf dem Foto: Mitte und oben links)

Weinempfehlung

Spargel ist äußerst zart, hat ein feines, frisches Aroma und fruchtige Säure. Die geräucherte Gänsebrust ist angenehmes Beiwerk mit mildwürzigem Charakter. Leichte, trockene bis halbtrockene Weißweine mit feiner Säure und dezent zarter Würze unterstreichen den Geschmack des Spargels. Wir empfehlen deshalb Silvaner aus dem Bereich Steigerwald oder zarte Weißburgunder, Kerner oder Rieslinge vom Main.

Bürgstadter Gerupfter mit Ziegenkäse

Zubereitungszeit: etwa 15 Minuten

Sie benötigen für 4 Portionen

- 100 g zimmerwarme Butter
- 150 g Camembert
- 50 g Ziegenfrischkäse
- etwas Salz
- schwarzen Pfeffer aus der Mühle
- Paprikapulver edelsüß
- 1/2 Bund Schnittlauch
- 4 Radieschen
- 4 Frühlingszwiebeln

So wird's gemacht

1. Butter und Käse mit der Gabel zerdrücken und grob vermischen. Mit Salz, Pfeffer und Paprikapulver abschmecken.
2. Den Schnittlauch waschen, in Röllchen schneiden und darauf geben. Radieschen und Frühlingszwiebeln waschen, putzen und in Scheiben schneiden. Den Gerupften damit garnieren.

(auf dem Foto: unten)

Beilage

Servieren Sie Bauernbrot dazu.

Weinempfehlung

Die Weinauswahl ist von der Duft- und Geschmacksintensität, also von der Reife des Camemberts, abhängig. Schnittlauch, Frühlingszwiebeln und Pfeffer geben Schärfe. Der Wein darf aromabetont mit deutlicher Säure sein. Fränkische Spezialitäten, wie halbtrockene Spätlesen von Perle oder Rieslaner, oder altersgereifte Rieslinge mit eleganter Süße leisten hier beste Gesellschaft.

Franken

Zuerst denken wir an August den Starken – heute steht er in Gold vor der Dresdner Neustadt. Er hat der sächsischen Küche mit seinem prunkenden Hofstaat sicherlich viele Anregungen gegeben hat. Die Moritzburger Karpfen und das Wildbret aus den königlichen Wäldern dürfte eine wesentliche Rolle auf der Tafel gespielt haben. Dazu der Wein. Der Deutsche Weinatlas verzeichnet noch heute den Königlichen Weinberg in Pillnitz und Wachwitz. Es sind edle Tropfen für Kenner, die man dort erntet. Und hier und da sieht man, daß weitere Flächen aufgerebt werden. Doch der Weinbau hat sich, wie so manches andere auch, nach „fünfzigjähriger Sonderentwicklung" anzupassen. Rationalisierung und Mechanisierung können die Tatsache nicht aus der Welt schaffen, daß auf den kleinen Rebflächen die Bewirtschaftung teuer ist und der Wein entsprechend. So bleibt der Wein aus dem östlichsten Anbaugebiet Deutschlands ein Geheimtip.

Wenn jeder Besucher nur einen Schoppen trinkt oder eine Flasche mitnimmt, dann ist die Ernte verkauft, auch, wenn man von der Vorschrift abkommt, Wein dürfe nur auf Flächen angebaut werden, auf der Feldfrucht nicht gedeihe. Fazit: Der Wein muß knapp bleiben.

Wenn von der sächsischen Küche die Rede ist, müssen Süßspeisen genannt werden, zum Beispiel der Dresdner Christstollen, der einige vereinigungsbedingte Urheberrechtsprozesse hinter sich hat, die Eierschecke und die Leipziger Lerchen, zu denen man nicht nur Kaffee trinken kann (Bliemchenkaffee), sondern von Fall zu Fall auch edelsüße Weine.

Überhaupt erinnert die Kaffeekultur daran, daß Sachsen ja ein zweites Zentrum hat: Leipzig, sehr bürgerlich und genau so weltoffen wie die Hauptstadt, weil wirtschaftlich orientiert. Das Leipziger Allerlei in seinen verschiedenen Zubereitungsarten hat den Namen der Stadt auf die Spei-

senkarten der Nation getragen. Es spiegelt die Vorliebe der Sachsen für die verschiedenen Gemüsesorten, einfach zubereitet im Eintopfgericht oder in raffiniertester Verfeinerung. Jeder Völlerei abhold, geht der sächsische Volkscharakter von dem Vorhandenen aus und versucht, das Beste aus einer Sache zu machen. Mit Erfolg, wie man sieht.

Leipziger Allerlei ist eigentlich ein eigenständiges Gemüsegericht mit Morcheln und Krebsen (die früher häufig in den Binnengewässern zu finden waren, heute lebend im Spankörbchen aus Polen kommen). Küchenmeister Mario Pattis legt bei unserem Rezept hier in bester höfischer Küchentradition für jeden Esser noch ein Zanderfilet hinzu. Das Gericht ist – wegen der Krebse – besonders von Mai bis Anfang September zu empfehlen.

Weinempfehlung

Um dem Eigengeschmack von Krebsfleisch und Morcheln gerecht zu werden und den Geschmack der Gemüsesorten ausreichend zu unterstützen, sind hierzu mittelkräftige, trockene Weißweine mit nur leicht betonter Säure und feinem Bukett besonders zu empfehlen, z.B. Gutedel, Weißburgunder oder Goldriesling Kabinett trocken.

Zanderfilet mit Leipziger Allerlei

Zubereitungszeit: etwa $1\frac{1}{2}$ Stunden

Sie benötigen für 4 Portionen

Für das Leipziger Allerlei

20 g getrocknete Morcheln
16 lebende Flußkrebse (1,5 kg)
etwas Salz
50 g Erbsenschoten
50 g dünne junge Möhren
50 g Kohlrabi
50 g Spargel
50 g Zuckererbsen (Zuckerschoten)
1 Tomate
80 g Butter
200 ml trockener Weißwein
200 ml Fischfond (Fertigprodukt)
100 g Krebsbutter (Fertigprodukt)
4 EL geschlagene süße Sahne
Schnittlauchröllchen und Kerbelblättchen zum Garnieren

Für die Zanderfilets

4 Zanderfilets à 70 g
etwas Salz, Saft von 1 Zitrone
80 g Butter

So wird's gemacht

1. Die Morcheln waschen und in $\frac{1}{2}$ l lauwarmem Wasser einweichen.
2. Inzwischen die Krebse unter fließendem Wasser abbürsten.
3 l Wasser aufkochen und salzen. Die Krebse mit den Köpfen zuerst in das kochende Wasser geben. Nach 30 Sekunden herausnehmen, abschrecken, abtropfen lassen und ausbrechen. Das geht wie folgt: Die Scheren abbrechen, mit einer Zange oder einem Nußknacker aufknacken und das Fleisch herauslösen. Den Schwanz vom Kopf durch Drehen trennen und den Panzer von der Bauchseite her aufbiegen. Das Fleisch herauslösen und den dunklen, fadenförmigen Darm am Rücken entfernen. Die Panzer (Karkassen) aufheben.
3. Die Erbsen aus den Schoten herauslösen. Die Möhren putzen, schälen und in 3 cm lange Stifte schneiden. Den Kohrabi schälen, putzen und in dicke Stifte schneiden. Die Gemüsesorten einzeln in wenig Wasser bißfest blanchieren.
4. Den Spargel schälen, unten etwas kürzen und in 3 cm lange Stücke schneiden. Die Zuckererbsen waschen und die Enden abschneiden. Die Tomate über Kreuz einritzen, überbrühen, abschrecken und enthäuten. Die Tomate vierteln, entkernen und kleinwürfeln.
5. Die Hälfte der Butter in einer Pfanne erhitzen. Die Tomatenwürfel (Tomatenconcassé) und die Krebskarkassen darin schwenken. Mit Weißwein ablöschen. Den Fischfond dazugeben, alles auf ein Drittel einköcheln lassen und durch ein Sieb passieren.
6. Die Zanderfilets mit Salz und Zitronensaft würzen. Die Butter in einer Pfanne erhitzen und den Fisch von jeder Seite etwa 4 Minuten braten.
7. Derweil die Morcheln abgießen, mit dem Gemüse in dem Rest der Butter (etwa 40 g) erhitzen.
8. Das Krebsfleisch dazugeben und kurz andünsten.
9. Die Fischfondsauce mit der Krebsbutter binden. Die Schlagsahne darunterheben.
10. Das Gemüse auf vorgewärmten Tellern anrichten, mit der Sauce begießen und mit den Kräutern garnieren. Die Zanderfilets dazulegen.
(auf dem großen Foto)

Beilage
Salzkartoffeln

Tip

Sie können die lebenden Krebse auch vom Fischhändler überbrühen lassen.

Variation

Das vorgestellte Rezept, die feine Version des Leipziger Allerlei, wird von Mario Pattis so in seinem Restaurant serviert. Wir möchten aber auch die bürgerliche Zubereitungsart des Leipziger Allerleis erwähnen: Junge Erbsen, feine Möhren, Buschbohnen, Spargel und Blumenkohl zu gleichen Teilen (jeweils etwa 250 g) einzeln blanchieren. Aus Butter, Mehl, Brühe, saurer Sahne und Eigelb eine Sauce zubereiten. Über das Gemüse gießen und mit Petersilie garnieren. An Wochentagen serviert die Hausfrau dazu gebratene Mettwurstscheiben; am Sonntag aber spendiert sie getrocknete Morcheln, Krebsfleisch aus der Dose und Krebsbutter.

Erzgebirgische Forellenfilets

Zubereitungszeit: etwa 45 Minuten

Sie benötigen für 4 Portionen

8 Forellenfilets à 125 g
etwas Salz
Saft von 1 Zitrone
3 Zwiebeln
500 g Champignons
1 Bund Petersilie
1 Bund Schnittlauch
1/2 Bund Basilikum
8 Salbeiblätter
150 g Butter
4 EL Weißwein
2 EL geschlagene süße Sahne

So wird's gemacht

1. Die Forellenfilets waschen und mit Salz und Zitronensaft würzen.
2. Die Zwiebeln schälen und fein würfeln. Die Champignons putzen und fein hacken. Die Kräuter waschen, trockentupfen und ebenfalls fein hacken.
3. Die Hälfte der Butter in einer Pfanne auslassen und die Zwiebeln darin glasig dünsten. Die Champignons und die Kräuter dazugeben. Durchschwenken und mit dem Weißwein ablöschen. Vom Herd nehmen.
4. Die Forellenfilets in dem Rest der Butter von jeder Seite etwa 3 Minuten braten.
5. Die gekräuterte Pilzmischung nochmals erhitzen. Die Schlagsahne darunterheben. Die Pilzmischung mit den Fischfilets auf Tellern anrichten.

Beilagen

Dazu passen Petersilienkartoffeln und Kopfsalatherzen.

Weinempfehlung

Hauptgeschmacksträger sind gedünstete Champignons, Basilikum und Salbei, die, unterstützt vom Weißwein, dem Gericht eine säuerliche und feinbittere Note geben. Die Forellenfilets erhalten durch das Braten in Butter einen zart-nussigen Geschmack. Diese Komponenten lassen sich besonders gut mit einem leichten, feinrassigen, trockenen Weißburgunder, aber auch mit einem zarten Rivaner (Müller-Thurgau) Kabinett aus dem Elbtal kompensieren.

Pfaffenschnitzel

Zubereitungszeit: etwa 35 Minuten

Sie benötigen für 4 Portionen

1 Zwiebel
3 Sardellen
Saft von 1/2 Zitrone
1 EL gehackte, gemischte Kräuter (Basilikum, Estragon, Thymian, Petersilie)
etwas Salz
schwarzen Pfeffer aus der Mühle
750 g Ochsenlende (Rinderfilet) in 8 Scheiben von etwa 90 g geschnitten
etwas Mehl
3 EL Butter
1/8 l Fleischbrühe
1/4 l Rotwein

So wird's gemacht

1. Die Zwiebel schälen und fein würfeln. Die Sardellen kleinschneiden. Beides mit Zitronensaft, Kräutern, Salz und Pfeffer zu einer Masse verrühren. Die Fleischscheiben jeweils auf einer Seite damit bestreichen und dünn mit etwas Mehl bestäuben.

2. Das Fleisch in Butter knapp 4 Minuten von jeder Seite braten. Dabei öfter mit Bratfett beschöpfen. Dann die Fleischbrühe und den Rotwein angießen und alles noch einmal aufkochen lassen.

3. Das Fleisch auf einer vorgewärmten Platte anrichten. Die Sauce getrennt dazu reichen.

Beilagen

Kartoffelpüree oder Salzkartoffeln und ein leichter Salat harmonieren gut mit dem Schnitzel.

Weinempfehlung

Deutlich würzige Kräuter, vereint mit den Sardellen, der süßlichen Note der Zwiebel und der Schärfe des Pfeffers, geben dem Gericht eine sehr pikante Note. Diese wird durch den Rotwein in der Sauce noch unterstrichen. Leichte Rot- oder Roséweine mit mäßigem Gerbstoffcharakter und trockene, feinaromatische bis würzige Weißweine können angenehme Ergänzungen bieten. Die feine Säure des Portugiesers, das kräuterähnliche Aroma von Bacchus und Kerner und die zartbetonte Würze eines Traminers regen zu interessanten Kompositionen an.

Hirschröllchen

Zubereitungszeit: etwa 1 Stunde

Sie benötigen für 4 Portionen

800 g Hirschkeule (ohne Knochen)
etwas Senf
etwas Salz
schwarzen Pfeffer aus der Mühle
150 g rohen Schinken (8 Scheiben)
4 EL Butter
1 Zwiebel
3 Wacholderbeeren
1 Lorbeerblatt
1 EL Tomatenmark
1/4 l Wildfond (Fertigprodukt)
1 TL Mehl
2 EL saure Sahne

So wird's gemacht

1. Das Fleisch in 8 gleich große und dicke Scheiben schneiden. Diese jeweils von einer Seite mit Senf bestreichen, mit Salz und Pfeffer würzen.

2. Die Fleischscheiben mit je 1 Schinkenscheibe belegen, zusammenrollen und zustecken.

3. Butter in einem Bräter erhitzen und die Fleischröllchen darin anbraten. Die Zwiebel schälen und fein würfeln, die Wacholderbeeren zerdrücken. Zusammen mit dem Lorbeerblatt und dem Tomatenmark zum Fleisch geben.

4. Das Fleisch mit dem Fond ablöschen und in etwa 30 Minuten zugedeckt gar schmoren. Die Hirschröllchen herausnehmen und warm stellen.

5. Den Bratensatz durch ein Sieb passieren. Das Mehl mit der sauren Sahne glattrühren. Den Bratensatz damit binden. Die Sauce aber nicht mehr stark kochen lassen.

6. Die Hirschröllchen auf vorgewärmten Tellern anrichten und wenig Sauce angießen. Die restliche Sauce getrennt dazu reichen.

Beilagen

Reichen Sie dazu Kartoffelkroketten und Rosenkohl.

Weinempfehlung

Die Schärfe des Senfes, deutlicher Pfeffer, der leicht salzige Schinken sowie der milde Wildgeschmack des Hirschfleisches vermitteln ein pikantes Geschmacksbild, das nicht zwangsläufig die Wahl eines Rotweins erfordert. Gerbstoffmilde, reife Rotweine und weiße Burgundersorten sind ebenbürtige Partner. Ausreichend gereift – drei bis fünf Jahre –, deutlich trocken und etwas gehaltvoll (etwa 12 Vol.-%) sind sie besonders geeignet.

Sächsisches Zwiebelfleisch mit Wickelklößen

Zubereitungszeit: etwa $2^{3}/_{4}$ Stunden

Sie benötigen für 4 Portionen

Für das Fleisch

- 1 Schweinshaxe (etwa 1,5 kg)
- etwas Salz
- $1^{1}/_{2}$ l Wasser
- 1 Möhre
- 1 Petersilienwurzel
- 2 Nelken
- 6 Pfefferkörner
- 1 Lorbeerblatt

Für die Sauce

- 250 g Zwiebeln
- 4 EL Schweineschmalz
- 2 EL Semmelbrösel
- schwarzen Pfeffer aus der Mühle
- etwas Kümmel
- etwas Zucker

Für die Klöße

- 200 g durchwachsenen Speck
- 100 g Semmelbrösel
- 1 kg gegarte Pellkartoffeln vom Vortag
- 250 bis 300 g Mehl
- 1 TL Backpulver
- 1 frisches Ei
- etwas Salz
- 4 EL Milch
- Mehl zum Ausrollen

So wird's gemacht

1. Das Fleisch mit $1^{1}/_{2}$ l gesalzenem Wasser aufsetzen. Möhre und Petersilienwurzel waschen, putzen und zerkleinern. Mit den Gewürzen zum Fleisch geben. Gut 2 Stunden zugedeckt köcheln lassen.
2. Inzwischen für die Klöße den Speck fein würfeln, in einer Pfanne auslassen und in einem Sieb abtropfen lassen. 3 Eßlöffel des Bratfetts in der Pfanne belassen und die Semmelbrösel darin anrösten.
3. Die Kartoffeln schälen und fein reiben. Mehl, Backpulver und Ei darunterrühren. Mit Salz abschmecken. Nach Bedarf Milch dazugeben, sollte der Teig zu fest sein.
4. Den Teig auf bemehlter Arbeitsfläche zu einem 1 cm dicken Quadrat ausrollen. Speck und Semmelbrösel darauf verteilen und den Teig einrollen. Die Rolle in 6 cm breite Stücke schneiden und die Schnittkanten fest zusammendrücken, damit die Füllung nicht herausquillen kann.
5. Das Fleisch aus der Brühe nehmen und warm stellen. Die Brühe durchsieben und auf die Hälfte einkochen lassen.
6. Die Zwiebeln schälen und in Scheiben schneiden. Das Schmalz erhitzen und die Zwiebeln darin hellgelb braten.
7. Nun $^{1}/_{4}$ l der Fleischbrühe hinzufügen und die Sauce etwa 20 Minuten durchkochen lassen. Die Semmelbrösel hinzufügen. Die Sauce mit den Gewürzen abschmecken.
8. Inzwischen die restliche Fleischbrühe für die Klöße mit Wasser auf 1 l auffüllen erhitzen und die Klöße darin bei geringer Hitze etwa 20 Minuten ziehen lassen.
9. Das Fleisch in mundgerechte Würfel schneiden und etwa 10 Minuten in der Sauce ziehen lassen. In einer vorgewärmten Schüssel auftragen. Die Klöße dazu servieren.
(auf dem Foto: unten)

Kulinarisches

Wickelklöße werden zu Fleischgerichten aller Art gereicht. Auch zu den meisten Gemüsesorten passen sie. Am liebsten ißt man sie zu Sauerkraut.

Weinempfehlung

Die reichlichen Zwiebeln, unterstützt durch die Beigabe von etwas Zucker, geben dem Gericht eine mild-würzige und deutlich süßliche Note. Diese kann durch einen feinfruchtigen Weißwein mit leicht betonter Säure angenehm kompensiert werden. Halbtrockener Riesling oder Bacchus Kabinett, trockener Kerner Spätlese sowie gereifter Elbling oder Silvaner, halbtrocken bis trocken, bieten angenehm harmonische Kombinationen.

Gänsebraten auf sächsische Art

Zubereitungszeit: etwa $2^{1}/_{2}$ Stunden

Sie benötigen für 6 Portionen

- 1 bratfertige Frühmastgans (3 kg)
- etwas Salz, schwarzen Pfeffer
- 6 saure Äpfel, etwas Beifuß
- $^{1}/_{2}$ l Wasser
- etwas Salzwasser
- 1 TL Speisestärke

So wird's gemacht

1. Die Gans innen und außen abspülen und trockentupfen. Mit Salz und Pfeffer einreiben.
2. Den Backofen auf 200° C vorheizen. Die Äpfel schälen, die Kerngehäuse entfernen und die Äpfel in Stücke schneiden. Sie zusammen mit dem Beifuß in die Gans füllen. Die Öffnung zunähen oder zustecken.
3. Die Gans mit der Brust nach unten in einen großen Bräter setzen und $^{1}/_{2}$ l Wasser angießen. Im Ofen in $1^{1}/_{2}$ bis 2 Stunden braun braten. Nach 1 Stunde die Gans umdrehen. In den letzten 15 Minuten der Garzeit die Gans mit Salzwasser bepinseln, damit die Haut schön knusprig wird. Die Gans aus dem Bräter nehmen und im Backofen warm halten.
4. Vom Bratfond im Bräter das Fett abschöpfen. Die Speisestärke mit etwas Wasser anrühren und die verbliebene Sauce im Bräter damit binden. Mit Salz und Pfeffer würzen.
5. Die Gans auf einer vorgewärmten Platte anrichten und die Sauce getrennt dazu reichen.
(auf dem Foto: oben)

Beilagen

Zur Gans werden Sächsische Klöße (Seite 99) und Rotkohl oder Rosenkohl gereicht.

Weinempfehlung

Das Fett unter der Haut und die Äpfel sorgen für ein süßlich-schmalziges Geschmacksbild, das nach einem geschmeidigen, reifen und gehaltvollen Rotwein verlangt. Bei Rosenkohl ist auch ein saftig-trockener Grauburgunder zu empfehlen.

Pilzfleisch

Zubereitungszeit: etwa 1 Stunde

Sie benötigen für 4 Portionen

1 kg Kalbfleisch (bevorzugt aus der Keule)
1 l Wasser
etwas Salz
1 Zwiebel
5 Pfefferkörner
etwas getrocknetes Basilikum
500 g Pilze
125 g Butter
3 EL Mehl
1 Bund Petersilie

So wird's gemacht

1. Das Fleisch mit 1 l Wasser aufsetzen. Die Zwiebel schälen und im Ganzen dazugeben. Die Gewürze hinzufügen. Alles aufkochen und dann etwa 30 Minuten zugedeckt köcheln lassen. Zwischendurch abschäumen.
2. Das Fleisch herausnehmen. Die Brühe durch ein Sieb passieren und beiseite stellen.
3. Die Pilze putzen, eventuell kurz waschen und dann in Scheiben schneiden. Die Butter in einem Topf zerlassen und die Pilze darin andünsten. Mit dem Mehl bestäuben und die Hälfte der Brühe unter Rühren angießen.
4. Die Pilzsauce mit etwas Salz abschmecken. Sollte sie zu dick sein, noch etwas Brühe angießen. Das Kalbfleisch in mundgerechte Würfel schneiden und in der Sauce heiß werden lassen.
5. Das Pilzfleisch in eine Schüssel füllen. Die Petersilie waschen, trockentupfen, hacken und darüberstreuen.
(auf dem Foto)

Beilagen
Am besten schmecken dazu selbstgemachte Spätzle oder Salzkartoffeln und grüner Salat.

Tip
Ursprünglich gehörten Steinpilze zu diesem Gericht. Das veränderte Angebot hat aber dazu geführt, daß so ziemlich alle Speisepilze (bis auf Pfifferlinge), auch Zuchtpilze, wie Champignons und Austernpilze, verwendet werden. Nur frisch sollten sie sein.

Weinempfehlung

Entscheidend für die Wahl des richtigen Weins ist die Zusammensetzung der Pilze. Leichte, milde, aber dennoch trockene bis halbtrockene Kabinettweine mit dezentem Aroma bis hin zu deutlicher Würze können vorteilhaft sein; also Kabinettweine von Rivaner (Müller-Thurgau), Weiß- und Grauburgunder oder auch zartwürzige Traminer.

Dresdner Sauerbraten

Marinierzeit: 1 Woche
Zubereitungszeit: etwa 2 1/2 Stunden

Sie benötigen für 4 Portionen

Für die Marinade

- 100 g Möhren
- 100 g Zwiebeln
- 5 Pimentkörner
- 4 Pfefferkörner
- 1 Nelke
- 1 Lorbeerblatt
- 3 Wacholderbeeren
- 350 g Buttermilch

Für den Braten

- 800 g mageres Rindfleisch zum Schmoren
- etwas Salz
- schwarzen Pfeffer aus der Mühle
- 6 EL Walnußöl
- 50 g fetten Speck
- 1/4 l Rinder- oder Kalbsfond (Fertigprodukt)
- 150 g Buttermilch
- 1 Scheibe Schwarzbrot
- 1 Becher saure Sahne (125 g)
- etwas Saucenlebkuchen (Gewürzlebkuchen) nach Geschmack
- etwas Zucker

So wird's gemacht

1. Die Möhren putzen und waschen, die Zwiebeln schälen. Beides in dünne Scheiben schneiden. Mit den Gewürzen in einen großen Topf geben (die Wacholderbeeren vorher zerdrücken). Das Fleisch passieren (von Sehnen, Haut und Fett befreien), darauf legen und die Buttermilch darübergießen. Das Fleisch 1 Woche zugedeckt im Kühlschrank in der Marinade liegen lassen. Es in dieser Zeit mehrmals wenden.
2. Das Fleisch herausnehmen, trockentupfen und mit Salz und Pfeffer würzen. Die Marinade zur Seite stellen.
3. Das Öl in einem Bräter erhitzen. Den Speck würfeln und darin auslassen. Das Fleisch im Fett rundherum kräftig anbraten.
4. Das Fleisch mit einem Drittel der Marinade auffüllen. Alles 1 1/2 Stunden zugedeckt bei milder Hitze schmoren lassen. In dieser Zeit nach und nach die restliche Marinade, den Fond und die Buttermilch dazugeben. Das Brot zerkrümeln und dazugeben.
5. Das Fleisch aus der Sauce nehmen und warm stellen. Die Sauce durch ein Sieb passieren und entfetten. Die saure Sahne dazugeben. Alles mit Salz, Pfeffer, dem zerkrümelten Saucenlebkuchen und etwas Zucker abschmecken.
6. Den Braten in Scheiben schneiden und auf einer vorgewärmten Platte anrichten. Die Sauce dazu reichen.

Beilagen

Echt sächsisch wird der Sauerbraten mit Sächsischen Klößen (Rezept links) und Rotkohl oder Rosenkohl.

Weinempfehlung

Zunächst ist die deutlich würzige Sauce, die dank der Buttermilch und der sauren Sahne einen nur leicht säuerlichen Charakter aufweist, ausschlaggebend für die Weinauswahl. Weich, geschmeidig und geschmacksintensiv sollte der Wein sein. Den letzten Ausschlag gibt das zum Fleisch gereichte Gemüse. Bei Rosenkohl empfehlen wir saftigen, trockenen Grauburgunder, bei Rotkohl gereiften, kräftigen Spätburgunder.

Sächsische Klöße

Zubereitungszeit: etwa 1 Stunde

Sie benötigen für 4 Portionen

- 1 kg mehligkochende Kartoffeln
- etwas Salz
- 170 g Semmelmehl
- 2 frische Eier
- Mehl zum Wenden

So wird's gemacht

1. Die Kartoffeln schälen und waschen. Die Hälfte davon in gesalzenem Wasser etwa 25 Minuten kochen. Inzwischen die andere Hälfte fein reiben und gut ausdrücken.
2. Die gekochten Kartoffeln ebenfalls reiben und unter die rohen Kartoffeln mischen. Das Semmelmehl und die Eier dazugeben, alles durchrühren und salzen.
3. Mit feuchten Händen Klöße von etwa 5 cm Ø formen. Diese in Mehl wenden.
4. Die Klöße nach und nach in 1 1/2 l gesalzenem Wasser etwa 10 Minuten ziehen lassen. Sie sind gut, wenn sie an der Oberfläche schwimmen. Die fertigen Klöße mit der Schöpfkelle herausnehmen und warm stellen, bis die letzten fertig sind.

Tips

- Die Klöße schmecken zu Braten aller Art und auch zu Gulasch.
- Kochen Sie immer erst einen Probekloß. Reißen Sie ihn mit zwei Gabeln auseinander. So sieht man, ob er auch locker und innen trocken ist.

Schwaben

Die Grenzen der kulinarischen Landschaften halten sich nicht an die Vorgaben der Politiker. So versteht man unter Schwaben den württembergischen Teil von Baden-Württemberg und den benachbarten Regierungsbezirk Bayerns, bis hin zum „Schwäbischen Meer", dem Bodensee. Schwaben ist überall, wo es Spätzle und Maultaschen gibt. Die Vorliebe für Mehl und Teiggerichte ist unübersehbar. „Eingemachtes Kalbfleisch" ist zwar nicht eingemacht, aber es schmeckt so gut wie solches. Und die Käsespatzen sind wohl die einfachste Art eines guten Gerichtes. Und nicht zu vergessen das Filderkraut. Das ist Sauerkraut, wozu der Weißkohl „auf den Fildern" südlich von Stuttgart gewachsen ist.
Ein besonderes Verhältnis haben die Schwaben zu ihrem Wein, der allerdings Württemberger heißt. Der

erste Präsident der Bundesrepublik Deutschland, Theodor Heuss, umriß es so: „Früher haben wir ihn selbst getrunken, weil ihn keiner wollte. Heute ist er so gut, daß wir ihn nicht mehr hergeben." Tatsächlich ist Württemberg, grob genommen, ein Teil Schwabens, das einzige große deutsche Weinbaugebiet, dessen Winzer nicht darauf angewiesen sind, jenseits der Grenzen zu verkaufen. Der in der Württembergischen Lehr- und Versuchsanstalt gezüchtete Kerner hat im Sturm die ganze Republik erobert. Darüber hinaus liegen die Württemberger Winzer mit Rotweinen gut im Trend. Der Lemberger und der Schwarzriesling sind in Württemberg zu Hause, und der Trollinger, als der Wein für die Viertelesschlotzer, ist für jeden Anlaß recht. Eine Besonderheit, die leider zu sehr in Vergessenheit geraten ist, stellt der Schillerwein dar. Er hat nichts mit dem berühmten Dichter zu tun, obwohl beide Schwaben sind – die Namensgleichheit ist nur zufällig. Vielmehr heißt er so, weil er im Glase schillert. Der Schillerwein ist eine Mischung aus Weiß- und Rotweintrauben, die zusammen gekeltert worden sind – eine letzte Erinnerung an den früher so beliebten „gemischten Satz".

Schwäbische Kalbsvögel

Zubereitungszeit: etwa 1 1/4 Stunden

Sie benötigen für 4 Portionen

Für Fleisch und Füllung

- 4 sehr dünne Scheiben Kalbfleisch à 140 g
- 1 kleine Zwiebel
- 1/2 Bund Petersilie
- 300 g Bratwurstbrät aus Kalbfleisch
- etwas Salz
- weißen Pfeffer aus der Mühle

Zum Braten

- 50 g durchwachsenen Speck
- 1 große Zwiebel
- 1 Bund Suppengrün
- 50 g Margarine
- 1 Lorbeerblatt
- 2 Nelken
- 2 Pfefferkörner
- 1/2 l warme Fleischbrühe (Fertigprodukt)
- 1/8 l Weißwein

Für die Sauce

- 1 EL Butter
- 1 EL Mehl
- Saft von 1/2 Zitrone
- 2 EL süße Sahne
- 1 EL Kapern

Tip

Falls Sie kein Bratwurstbrät bekommen, kaufen Sie Kalbsbratwürste, und verwenden Sie deren Inhalt.

So wird's gemacht

1. Die Fleischscheiben trockentupfen. Für die Füllung die Zwiebel schälen, die Petersilie waschen und trockentupfen. Beides fein hacken, mit dem Bratwurstbrät mischen und mit Salz sowie Pfeffer würzen.
2. Die Füllung auf die Kalbfleischscheiben streichen, diese jeweils seitlich etwas einschlagen und dann zu „Vögeln" einrollen. Die Röllchen mit Rouladenklammern oder Holzstäbchen zustecken oder mit Küchengarn umwickeln.
3. Den Speck würfeln. Die Zwiebel schälen, das Suppengrün putzen, und waschen. Beides in große Stücke schneiden.
4. Den Speck in der Margarine auslassen. Darin die Kalbsvögel von allen Seiten anbraten. Zwiebel und Suppengrün mit den Gewürzen zu den Kalbsvögeln geben. Die Fleischbrühe und den Wein angießen.
5. Die Kalbsvögel zugedeckt etwa 40 Minuten schmoren. Dann herausnehmen und zugedeckt warm stellen.
6. Den Bratfond und das Gemüse durch ein Sieb passieren und anschließend in einem kleineren Topf aufkochen.
7. Die Butter mit dem Mehl verkneten und in die Sauce einrühren. Diese mit Zitronensaft und Sahne abschmecken und die Kapern dazugeben. Die Kalbsvögel in der Sauce anrichten.
(auf dem Foto: oben)

Beilagen
Die Kalbsvögel werden mit Spätzle (Rezept rechts) und Salat gegessen.

Weinempfehlung

Die Füllung ist im Geschmack sehr zart, dafür wirkt die reduzierte Sauce geschmacksbestimmend. Zitrone, Kapern und Sahne vermitteln einen süß-säuerlichen Geschmackseindruck. Die dazu gereichten Weine sollten mittelkräftig, dezent und in der Säure verhalten sein, wie z.B. trockene bis halbtrockene Weißburgunder oder Grauburgunder.

Hechtklößchen mit Rieslingsauce

Zubereitungszeit: etwa 1 Stunde

Sie benötigen für 4 Portionen

- 400 g entgrätetes Hechtfleisch (gut gekühlt)
- etwas Salz, weißen Pfeffer
- etwas Zitronensaft
- 2 Scheiben Weißbrot
- 500 g süße Sahne
- 1 1/2 l Fischfond (Fertigprodukt)
- 5 Schalotten
- 3 EL Butter
- 3 EL Mehl zum Bestäuben
- 200 ml Weißwein (Riesling)
- 4 EL Crème fraîche
- 2 EL eiskalte Butter in Flöckchen

So wird's gemacht

1. Das Hechtfleisch mit Salz und Pfeffer würzen und mit Zitronensaft beträufeln. Das Weißbrot entrinden und in etwas süßer Sahne einweichen.
2. Das Hechtfleisch mit der restlichen Sahne zu einer geschmeidigen Masse pürieren. Das Weißbrot darunterziehen. Kalt stellen.
3. Den Fischfond aufkochen. Mit zwei Eßlöffeln aus der Fischmasse eigroße Klößchen abstechen und im Fischfond bei geringer Hitze etwa 8 Minuten ziehen lassen. Herausnehmen und warm stellen.
4. Für die Sauce die Schalotten schälen, fein würfeln und in der Butter anschwitzen. Mit dem Mehl bestäuben und es anschwitzen lassen. 300 ml des Fischfonds und den Wein dazugeben und alles kurz aufkochen lassen, bis die Sauce bindet. Mit der Crème fraîche verfeinern. Die Butterflocken mit dem Pürierstab unter die nicht mehr kochende Sauce mixen.
(auf dem Foto: unten)

Beilagen
Blattspinat und Butterkartoffeln

Weinempfehlung

Leichte, zarte Weißweine mit dezentem Bukett, also trockene bis halbtrockene Kabinettweine vom Riesling oder Weißburgunder.

Spätzle

Zubereitungszeit: etwa 35 Minuten

Sie benötigen für 4 Portionen
400 g Mehl
4 frische Eier
etwas Salz
1/4 l Wasser
50 g Butter

So wird's gemacht

1. Das Mehl in eine Schüssel geben. In die Mitte eine Mulde drücken, Eier, etwas Salz und 1/4 l Wasser hineingeben. Das Ganze zu einem glatten Teig verkneten (am besten nehmen Sie die Knethaken des Handrührgerätes).

2. 2 l Salzwasser aufkochen und salzen. Den Teig auf einem angefeuchteten Spätzlebrett portionsweise glattstreichen und mit einem Spätzleschaber oder einem Messer ins kochende Wasser schaben.

3. Die Spätzle etwa 5 Minuten kochen, dabei öfter umrühren. Sie dann in einem Sieb kurz abschrecken und gut abtropfen lassen.

4. Die Butter in einem Töpfchen erhitzen, bis sie leicht braun wird. Über die Spätzle gießen (das nennt man Abschmälzen).

(auf dem Foto: oben)

Tips

- Wenn die Spätzle in Fleischbrühe gegart werden, schmecken sie besonders aromatisch.
- Spätzle bekommt man im Supermarkt fertig zu kaufen, aber die rechte Schwäbin macht sie selbst, geschabt auf dem Spätzlebrett. Neumodische Sachen, wie eine Spätzlepresse, überläßt sie den Zugezogenen.

Eingemachtes Kalbfleisch

Marinierzeit: über Nacht
Zubereitungszeit: etwa 1 Stunde

Sie benötigen für 4 Portionen

Für Beize und Fleisch
- 1 Bund Suppengrün
- 2 Nelken, 1 Lorbeerblatt
- etwas Salz und weißen Pfeffer
- $^1/_2$ l Weißwein
- 1 TL Weinessig
- 1 kg Kalbfleisch (Brust)

Für die Sauce
- 3 EL Butter, 3 EL Kartoffelstärke
- $^1/_4$ l Weißwein
- etwas Salz und weißen Pfeffer
- 3 frische Eigelbe
- 1 Becher saure Sahne (125 g)

So wird's gemacht

1. Das Suppengrün putzen, waschen und kleinschneiden. Mit den übrigen Zutaten für die Beize verrühren. Das Fleisch in große Würfel schneiden. Über Nacht in die Beize legen.

2. Am nächsten Tag das Fleisch herausnehmen, die Beize durchseihen. $1^1/_2$ l Wasser erhitzen, die Beize hinzufügen und das Fleisch darin etwa 30 Minuten garen. Abschäumen, herausnehmen und warm stellen.

3. Die Butter in einem Topf erhitzen, die Kartoffelstärke darin anschwitzen. Etwa $^1/_4$ l der Fleischbrühe und den Wein dazugeben. 10 Minuten durchkochen lassen. Salzen und pfeffern. Die Eigelbe mit der sauren Sahne verquirlen und unter die nicht mehr kochende Sauce rühren.

4. Das Kalbfleisch kurz in der Sauce ziehen lassen, dann servieren.

Beilagen
Spätzle (Seite 103) und grüner Salat

Weinempfehlung

Saure Sahne und Weißwein verlangen milde, feinaromatische Weine z.B. trockene bis halbtrockene Kabinettweine von Kerner, Weißburgunder oder Rivaner (Müller-Thurgau).

Lammrücken auf schwäbische Art

Zubereitungszeit: etwa $1^1/_4$ Stunden

Sie benötigen für 6 bis 8 Portionen
- 1 Lammrücken ($1^1/_2$ bis 2 kg) mit Knochen
- 1 Zwiebel, 1 Möhre
- 1 Stück Knollensellerie (etwa 60 g)
- 3 EL Öl
- 1 TL Tomatenmark
- $^1/_4$ l Rotwein (möglichst Lemberger)
- getrockneter Thymian
- 3 Knoblauchzehen
- 1 Lorbeerblatt
- 8 schwarze Pfefferkörner
- 1 EL Brombeergelee
- 2 Scheiben Weißbrot
- 3 EL gehackte Kräuter (Thymian, Majoran, Rosmarin, Salbei)
- 2 EL weiche Butter
- etwas Salz, schwarzen Pfeffer

So wird's gemacht

1. Die Lammfilets und die Rückenstränge von den Knochen lösen und von den Sehnen befreien.

2. Für die Sauce die Knochen fein hacken. Die Zwiebel schälen und würfeln. Möhre und Sellerie putzen, schälen und fein würfeln. Mit den Knochen in 2 Eßlöffeln Öl goldbraun anbraten.

3. Das Tomatenmark dazugeben, den Rotwein angießen. Thymian, 1 geschälte Knoblauchzehe, Lorbeer und Pfefferkörner dazugeben.

4. Die Sauce bei starker Hitze leicht sämig reduzieren, durch ein Sieb passieren und mit dem Brombeergelee abschmecken. Warm halten.

5. Den Backofen auf 180° C anheizen. Das Weißbrot entrinden. Die 2 restlichen Knoblauchzehen schälen und zerdrücken. Weißbrot, Knoblauch, Kräuter und Butter zu einer Paste zerdrücken.

6. Das Lammfleisch salzen und pfeffern und in 1 Eßlöffel Öl von allen Seiten kurz anbraten. Das Fleisch mit der Paste bestreichen.

7. Den Lammrücken in der Fettpfanne im Backofen 15 bis 20 Minuten braten. Achtung: Die Filets sind rascher gar – früher herausnehmen.

8. Das Lammfleisch schräg in Scheiben schneiden und mit der Sauce auf Tellern anrichten.

(auf dem Foto: Mitte)

Beilagen
Petersilienkartoffeln oder Kartoffelgratin und frische grüne Bohnen.

Weinempfehlung

Lamm ist meist sehr zart und im Geschmack eher verhalten. Die Dosierung der Würzkräuter ist für die Weinauswahl bestimmend. Bei sparsamer Verwendung bieten Weißweine, bei großzügiger Verwendung hingegen Rotweine die angenehmere Komposition. Also ist alles erlaubt, solange die Weine nicht zu leicht, zu neutral, zu säurebetont oder zu gerbstoffreich sind. Probieren Sie trockene Weiß- bzw. Grauburgunder Spätlesen, reife Qualitätsweine b.A. oder Spätlesen von Schwarzriesling, Samtrot, Spätburgunder oder Lemberger.

Saure Kutteln mit Brägele

Zubereitungszeit: etwa 40 Minuten

Sie benötigen für 4 Portionen

Für die Kutteln

800 g vorblanchierte Kutteln (Pansen), in Streifen geschnitten
1 Zwiebel
5 EL Öl
5 EL Mehl
1 EL Tomatenmark
1 l Fleischbrühe (Fertigprodukt)
1 Gewürzbeutel (mit 2 Lorbeerblättern, 2 Nelken, 10 Senfkörnern und 5 Pfefferkörnern)
etwas Salz, etwas Zucker
1/8 l Rotwein (Lemberger)
3 bis 4 EL Rotweinessig

Für die Brägele

800 g Pellkartoffeln vom Vortag
1 Zwiebel
2 EL Griebenschmalz
etwas Salz, schwarzen Pfeffer

So wird's gemacht

1. Die Kutteln in einem Topf mit 3/4 l kaltem Wasser aufsetzen und 20 bis 25 Minuten kochen.

2. Inzwischen die Zwiebel schälen und würfeln. Das Öl in einem zweiten Topf erhitzen und das Mehl darin anschwitzen. Zwiebelwürfel und Tomatenmark in die Mehlbrenne geben. Die kalte Fleischbrühe unter Rühren angießen, den Gewürzbeutel dazugeben und alles etwa 20 Minuten unter häufigem Rühren kochen lassen.

3. Derweil für die Brägele die Kartoffeln schälen und in Scheiben schneiden. Die Zwiebel schälen und würfeln. Das Schmalz in einer Pfanne erhitzen und Zwiebel sowie Kartoffeln darin knusprig braten.

4. Den Gewürzbeutel aus der Sauce entfernen. Diese mit Salz, Zucker, Rotwein und Essig abschmecken. Die gargekochten Kutteln abschütten, in die Sauce geben und noch einmal kurz aufkochen. Die Brägele dazu servieren.

(auf dem Foto: rechts)

Weinempfehlung

Die säuerliche, feinwürzige Sauce, die auch etwas Süße erkennen läßt, umschließt die neutral schmeckenden, zarten Kutteln. Leichte Weißherbste mit verhaltener Säure oder gerbstoffmilde Rotweine eignen sich hierzu besonders gut. Spätburgunder Weißherbst Kabinett trocken bis halbtrocken oder einen reifen, trockenen Trollinger wollen wir Ihnen besonders empfehlen.

Rehrücken mit Lembergersauce

Zubereitungszeit: etwa 3 Stunden

Sie benötigen für 8 Portionen

Für das Fleisch

- 1 Rehrücken von etwa 2,2 kg (mit Knochen)
- Gewürzsalz (bestehend aus Salz, Majoran, Thymian und Rosmarin)
- 2 EL Öl

Für den Fond

- 1 Stück Knollensellerie (etwa 50 g)
- 1 kleine Möhre
- 1 Zwiebel
- 2 EL Öl
- 1 TL Tomatenmark
- 1 l Wasser
- 5 Wacholderbeeren
- 5 schwarze Pfefferkörner

Für die Sauce

- 1/8 l Rotwein
- 2 EL Portwein
- etwas Zitronensaft
- etwas Salz
- schwarzen Pfeffer aus der Mühle
- 1 EL Preiselbeeren aus dem Glas
- 2 EL kalte Butterflöckchen

So wird's gemacht

1. Den Rehrücken von den Knochen lösen, die Sehnen entfernen.
2. Den Fond herstellen. Dafür das Gemüse putzen, waschen und in Stücke schneiden. Die Zwiebel schälen und würfeln. Die Knochen und Abschnitte des Rehrückens grob hacken und im Öl anbraten. Gemüse und Zwiebel dazugeben. Nochmals anbraten. Das Tomatenmark hinzufügen, 1 l Wasser angießen, Wacholderbeeren und Pfefferkörner dazugeben. Alles etwa 2 Stunden köcheln lassen. Dann durch ein Sieb passieren.
3. Den Backofen auf 180°C vorheizen. Die Rehrückenstränge mit Gewürzsalz einreiben. Das Öl im Bräter erhitzen und das Fleisch darin von allen Seiten gut Farbe annehmen lassen.
4. Anschließend das Fleisch im Backofen etwa 10 Minuten braten. Herausnehmen, in eine vorgewärmte Kasserolle geben und darin zugedeckt 2 bis 3 Minuten ziehen lassen.
5. Inzwischen für die Sauce den Bratensaft mit dem Rotwein ablöschen. 1/4 l Wildfond dazugeben und alles etwas köcheln lassen. Die Sauce mit dem Portwein, Zitronensaft, Salz, Pfeffer und den Preiselbeeren abschmecken. Die Butterflocken mit einem Pürierstab in die nicht mehr kochende Sauce einrühren.
6. Den Rehrücken schräg in Scheiben schneiden und auf einer vorgewärmten Platte anrichten. Etwas Sauce angießen. Die übrige Sauce getrennt dazu reichen.

Beilagen

Zum Rehrücken servieren wir Rotkrautauflauf und Bubenspitzle (Rezept rechts). Wenn es jahreszeitlich paßt, reichen Sie außerdem in Rotwein gedünstete Birnenhälften dazu, die mit Schlehenmarmelade gefüllt sind.

Weinempfehlung

Rehrücken hat einen deutlichen Wildgeschmack, der sehr gut mit gerbstoffbetonten Rotweinen harmoniert. Kräftige, noch nicht ausgereifte Qualitätsweine b.A. oder Spätlesen von Dornfelder, Spätburgunder oder Lemberger, auch im Barrique ausgebaut, sind besonders geeignet.

Rotkrautauflauf

Zubereitungszeit: etwa 1 1/4 Stunden

Sie benötigen für 4 Portionen

1 kleinen Kopf Rotkraut (etwa 400 g)
2 frische Eier
1 frisches Eigelb
1 Becher Sahne (200 g)
etwas Salz
schwarzen Pfeffer aus der Mühle
etwas Butter für die Förmchen

So wird's gemacht

1. Das Rotkraut von welken Blättern befreien, Strunk und Mittelrippen entfernen. Den Rest kleinschneiden und in knapp 1/2 l Wasser etwa 15 Minuten garen.

2. Den Backofen auf 170° C vorheizen. Das Rotkraut mit Eiern und Eigelb im Mixer pürieren, die Sahne dazu geben. Die Masse mit Salz und Pfeffer abschmecken.

3. Die Masse in 4 gebutterte Förmchen (oder Tassen) füllen. Diese in einen Topf stellen. Soviel kochendes Wasser angießen, daß die Förmchen zur Hälfte im Wasser stehen. Die Aufläufe 30 bis 40 Minuten im Backofen garen. Dann auf die Teller stürzen.

Kulinarisches

Eine Köstlichkeit aus dem Stumpenhof, eigentlich kein Ur-Württemberger Rezept, aber zum Rehrücken die rechte Ergänzung.

Bubespitzle (Schupfnudeln)

Zubereitungszeit: etwa 35 Minuten

Sie benötigen für 4 Portionen

700 g mehligkochende Pellkartoffeln vom Vortag
etwa 100 g Mehl
etwas Salz
geriebene Muskatnuß
1 frisches Ei
1 frisches Eigelb
100 g Butter

So wird's gemacht

1. Die Kartoffeln pellen, durch den Fleischwolf drehen (oder durch die Presse drücken) und mit Mehl mischen. Mit Salz und Muskat würzen. Ei und Eigelb darunterrühren und alles zu einem glatten Teig verkneten. Aus der Masse kleinfingergroße Würstchen (Bubenspitzle oder Schupfnudeln) formen.

2. Etwa 2 l Wasser in einem geräumigen Topf zum Kochen bringen und salzen. Die Schupfnudeln darin in 5 bis 10 Minuten gar ziehen lassen.

3. Die Schupfnudeln herausnehmen und in einem Sieb gut abtropfen lassen. Die Butter in einer Pfanne erhitzen und die Bubenspitzle darin schwenken.

Variation

Die Bubenspitzle können auch, mit Speck gebraten oder mit Käse überbacken, als Mittag- oder Abendessen gereicht werden. Servieren Sie dazu eine große Schüssel Salat.
Gebratene Bubenspitzle mit Sauerkraut gemischt, sind ein beliebtes Gericht bei Stadt- und Dorffesten, das oftmals mit Schweinebauch ergänzt wird.

KULINARISCHES

Man erzählt, einst hätte ein Klosterjäger im Schwabenland in einem kargen Kriegswinter zu seiner Freude ein pächtiges Stück Wild erlegt. Aber es war Fastenzeit. Als die Mönche darüber beratschlagten, meinte einer von ihnen, es sei sicherlich nicht recht, das Gottesgeschenk zurückzuweisen. Aber vorsichtshalber versteckten sie das Fleisch in einer Tasche aus Teig, damit man es nicht sehen konnte. Dies war die Geburtsstunde der Maultaschen.

Maultaschen

Zubereitungszeit: etwa 1 Stunde

Sie benötigen für 4 Portionen

Für den Teig

3 frische Eier
1 TL Weinessig
etwas Salz
3 EL Wasser
350 g Mehl

Für die Füllung

1 Zwiebel
50 g Butter
2 altbackene Brötchen
1 Paar Landjäger
300 g Schweinehackfleisch
3 frische Eier
etwas gehackte Petersilie
etwas Salz
schwarzen Pfeffer aus der Mühle
geriebene Muskatnuß

Zum Kochen

$1^1/_2$ l Fleischbrühe (Fertigprodukt)

So wird's gemacht

1. Eier, Essig und etwas Salz mit 3 Eßlöffeln Wasser verschlagen. Dann das Mehl darunterkneten. Den Teig kräftig durcharbeiten, dann etwa 30 Minuten zugedeckt stehen lassen.
2. Inzwischen für die Füllung die Zwiebel schälen, fein würfeln und in der Butter anbraten. Die Brötchen in Wasser einweichen und dann gut ausdrücken. Die Würste in sehr kleine Würfel schneiden. Alles mit Hackfleisch und Eiern mischen. Mit Petersilie und den Gewürzen pikant abschmecken.
3. Den Teig auf einer bemehlten Arbeitsplatte sehr dünn ausrollen (er soll 12 Quadrate von je 15 cm Kantenlänge ergeben).
4. Jeweils einen Teil der Füllung in die Mitte der Teigstücke geben. Die Ränder der Teigstücke mit etwas Wasser bestreichen und zu Dreiecken zusammenklappen. Die Ränder fest andrücken (vorher die Luft herauslassen).
5. Die Fleischbrühe erhitzen und die Maultaschen darin etwa 10 Minuten garen. Mit einer Schöpfkelle herausnehmen und heiß mit etwas Brühe übergossen servieren.
(auf dem großen Foto: links)

Beilagen
Kartoffelsalat und grüner Salat

Tip

Maultaschen werden in Schwaben entweder in der Brühe gereicht, wie es das vorstehende Rezept beschreibt, oder mit Butter und Zwiebel übergossen (1 gewürfelte Zwiebel in 3 Eßlöffeln Butter braun gebraten. In Süddeutschland nennt man das „geschmälzt").

Variation

Viele Schwäbinnen strecken die Füllung ihrer Maultaschen mit Spinat. Das ist für die Augen aber auch für den Magen in unserer kalorienzählenden Zeit eine Freude.

Weinempfehlung

Zu Maultaschen in Brühe empfehlen wir trockenen Kerner Kabinett; zu geschmälzten saftigen, trockenen Rivaner (Müller-Thurgau) oder Trollinger.

Saitenwürstchen mit Linsen

Quellzeit: über Nacht
Zubereitungszeit: etwa 2 Stunden

Sie benötigen für 4 Portionen

300 g Linsen, 1 l Wasser
125 g durchwachsenen Speck
1 Zwiebel
etwas Salz
schwarzen Pfeffer
3 Möhren
2 EL Weinessig
4 Saitenwürstchen

So wird's gemacht

1. Die Linsen über Nacht in 1 l Wasser einweichen.
2. Am nächsten Tag den Speck würfeln. Die Zwiebel schälen und würfeln. In einem nicht zu kleinen Topf mit dem Speck glasig braten.
3. Die Linsen mit dem Einweichwasser dazugeben. Mit Salz sowie Pfeffer würzen und 1 Stunde köcheln.
4. Die Möhren putzen, schälen und in kleine Würfel schneiden. Zusammen mit dem Essig zu den Linsen geben. Nochmals etwa 45 Minuten zugedeckt köcheln.
5. Die Würste etwa 10 Minuten in den Linsen heiß werden lassen.

(auf dem großen Foto: rechts)

Beilage

Dazu ißt man Spätzle (Seite 103). Dieter Wägerle empfiehlt statt der üblichen Landjäger die feineren Saitenwürstchen. Wer sie nicht bekommt, nimmt geräucherte Mettwürstchen.

Weinempfehlung

Die Linsen vermitteln einen etwas rauhen Geschmack, Zwiebeln und Möhren hingegen Süße, zu der sich die scharfe Säure des Essigs gesellt. Leichte, feinharmonische, halbtrockene bis trockene Weißweine mit milder Säure sind hier zu empfehlen: sehr reifer Riesling Kabinett, zarter Kerner oder Weißburgunder und auch ein etwas gereifter Trollinger.

Käsespätzle

Zubereitungszeit: etwa 50 Minuten

Sie benötigen für 4 Portionen

1 Rezept Spätzle (Seite 103)
200 g Hartkäse (z.B. Emmentaler)
2 Zwiebeln
2 EL Butter

So wird's gemacht

1. Die Spätzle nach dem Rezept auf Seite 103 zubereiten, aber nicht in der Butter schwenken.
2. Den Käse reiben. Spätzle und Käse schichtweise in einer vorgewärmten Schüssel anrichten.
3. Die Zwiebeln schälen, in Ringe schneiden und in der Butter hellbraun braten. Auf die Käsespätzle geben.

Beilage

Nur Blattsalat, denn Käsespätzle sind ein komplettes Mittagessen.

Baden

Baden

Baden – eigentlich meint man ja Südbaden, die Nachbarschaft zum Elsaß und zur alemannischen Schweiz, wenn man von der badischen Küche spricht als der feinsten Deutschlands.

Die Voraussetzungen sind die denkbar besten. Als klimabegünstigste Region Deutschlands ist Baden allein der Weinbauzone B zugeordnet (zusammen mit einem großen Teil der französischen Produktionsfläche). Das wirkt sich natürlich nicht nur auf den Weinbau aus. Schon in der Pfalz auf der anderen Rheinseite, im Schutz des Pfälzer Waldes, gedeihen mancherlei subtropische Gewächse.

Im Kaiserstuhl, im Märkgräflerland und an den Ufern des Bodensees, wo der Frühling einige Wochen früher kommt als im Rest Deutschlands, bringt der „Hauch des Südens" eine verschwenderische Fülle von Zutaten für exquisite Gerichte. Dazwischen steht der Schwarzwald, der in seinen engen Tälern viele Fischgewässer birgt und die Küchen mit Wild aller Art versorgt.

Die Badener haben von ihren Nachbarn stets gelernt (nachgemacht sagen Neider). So kommt es, daß sich jenseits des Rheins, sei es im Westen oder im Süden, alemannische Wesensart und Küche ohne eine erkennbare Grenze fortsetzen. Wer denkt da nicht an die Basler Mehlsuppe (genau so grenzüberschreitend wie die dazu gehörende alemannische Fastnacht) und, um noch ein Beispiel zu nennen, an den nun wiederum zu Ehren gekommenen Dinkel und den daraus gewonnenen Grünkernschrot.

Die Weinkarte in Baden ist vielfältiger, als in allen anderen deutschen Weinbaugebieten. Da wird der Gutedel als süffiger Zechwein im Markgräflerland geerntet, der Riesling

heißt in der Ortenau Klingelberger, der Traminer wird hier und da noch Clevner genannt. Der feurige Ruländer und der feinfruchtig, dezente Grauburgunder sind gar eine Rebsorte. Der Müller-Thurgau (Rivaner), die Hauptsorte Badens, ist am Bodensee ein ganz anderer Wein als im nördlichen Taubertal und demonstriert die ganze Vielfalt des Landes.

KULINARISCHES

Schäufele finden wir in Freiburg auf beinahe jeder Speisenkarte. Es handelt sich um leicht gepökelte und geräucherte Schweineschulter. Sie sollten das Gericht aber nicht mit dem fränkischen Schäuferlbraten verwechseln, für den allerdings das selbe Stück Schweinefleisch genommen wird.

Schäufele

Zubereitungszeit: etwa 2 1/4 Stunden

Sie benötigen für 4 Portionen
1 Zwiebel
1 Lorbeerblatt
3 Nelken
1/2 l trockenen Weißwein
5 Wacholderbeeren
5 Pfefferkörner
etwas getrockneten Thymian
750 g gepökelte und leicht
geräucherte Schweineschulter

So wird's gemacht

1. Die Zwiebel schälen. Mit dem Lorbeerblatt und den Nelken spicken.
2. In einem Topf 1 l Wasser zum Kochen bringen. Den Wein, die Spickzwiebel und die Gewürze dazugeben und das Fleisch darin etwa 2 Stunden zugedeckt bei geringer Hitze garen. Zwischendurch abschäumen.
3. Das Fleisch herausnehmen, in Scheiben schneiden und auf einer vorgewärmten Platte anrichten.
(auf dem großen Foto: unten)

Beilagen

Schäufele schmecken am besten mit Kartoffelsalat oder Bratkartoffeln und mit Feld- oder Löwenzahnsalat (Rezept rechts). Zu empfehlen ist auch Sauerkraut.

Weinempfehlung

Der feine, salzig-rauchige Charakter des Schäufele bekommt durch den Sud eine deutlich würzige Note. Das Fleisch wird durch den Garvorgang sehr mürbe, fast butterweich. Saftiger Rivaner (Müller-Thurgau) trocken, geschmeidiger Silvaner und, besonders in Verbindung mit Sauerkraut, eine ausgereifte Riesling Spätlese trocken bis halbtrocken lassen das Schäufele zu einem besonderen Erlebnis werden.

Löwenzahnsalat

Zubereitungszeit: etwa 15 Minuten

Sie benötigen für 4 Portionen
500 g Löwenzahn
1 Zwiebel
etwas Knoblauch
etwas Salz
schwarzen Pfeffer aus der Mühle
3 EL Sherryessig
4 EL Olivenöl
3 EL Walnußöl
100 g mageren Speck

So wird's gemacht

1. Den Löwenzahn gut waschen, putzen und abtropfen lassen. In eine Salatschüssel geben.
2. Die Zwiebel schälen und würfeln. Den Knoblauch schälen und fein hacken. Etwas Salz und Pfeffer mit dem Essig verrühren. Erst dann das Öl darunterschlagen. Zwiebel und Knoblauch dazugeben. Die Sauce über den Salat gießen.
3. Den Speck würfeln, in einer Pfanne knusprig braten und ohne das Fett über den Salat geben.
(auf dem großen Foto: oben)

Tips

- Löwenzahnsalat ist als Beilage zu allen Fleisch- und Kartoffelgerichten geeignet.
- Wilfried Serr im Restaurant Alde Gott in Neuweier gibt an die Salatsauce noch einen Schuß sechs Jahre alten Balsamessig.
- Sie können wilden Löwenzahn selbst stechen (die Blüten müssen noch als kleine Knospen ganz unten fast in der Erde sitzen) oder die Blätter aus kultiviertem Anbau auf dem Markt kaufen. Die Wildpflanzen sind aromareicher, sie enthalten aber manchmal zu viele Bitterstoffe. Diese kann man durch längeres Auslaugen in Wasser beseitigen. Aber auch ein Kartoffeldressing (eine gekochte Kartoffel in die Salatsauce drücken) nimmt die Bitterstoffe auf.

Hecht auf badische Art

Zubereitungszeit: etwa 1 Stunde

Sie benötigen für 4 Portionen

1 küchenfertigen, geschuppten, jungen Hecht (1200 bis 1500 g)
etwas Salz
weißen Pfeffer aus der Mühle
etwas Mehl
150 g Butter
8 Schalotten
1/4 Knoblauchzehe
Saft von 1/2 Zitrone
200 ml Weißwein
400 g süße Sahne
1/2 Bund Petersilie

So wird's gemacht

1. Den Backofen auf 180° C vorheizen. Den Hecht waschen und gut abtupfen. Ihn dann salzen, pfeffern und in etwas Mehl wälzen. Das restliche Mehl vorsichtig abklopfen.
2. Die Butter in einem passenden Bräter erhitzen und den Hecht darin wenden. Danach den Fisch auf den Bauch setzen und im Ofen 12 Minuten vorgaren. Herausnehmen.
3. Die Schalotten und den Knoblauch schälen, fein würfeln und langsam in der Butter im Bräter glasig braten.
4. Den Hecht wieder in den Bräter legen, Zitronensaft, Weißwein und süße Sahne dazugeben. Den Fisch noch einmal etwa 20 Minuten offen garen und währenddessen immer wieder mit der Sahne-Wein-Sauce übergießen. Diese soll während des Garens leicht bräunlich und dickflüssig werden.
5. Den Fisch aus der Sauce nehmen und zugedeckt warm stellen. Die Petersilie waschen, trockentupfen, fein hacken und in die Sauce geben. Den Hecht portionieren und mit der Sauce auf Tellern anrichten.
(auf dem Foto: links)

Beilagen

Petersilienkartoffeln mit grünem Salat und Gurkensalat sind beliebt. Für die Petersilienkartoffeln 1 Teelöffel gehackte Schalotten in 1 Eßlöffel Butter andünsten. 600 g gegarte Salzkartoffeln und 1 Eßlöffel gehackte Petersilie dazugeben.
Wilfried Serr bevorzugt Butternudeln als klassische Beilage.

Kulinarisches

Die jüngsten sind die besten, besonders bei den Hechten. Der Hecht soll das schmackhafteste sein, was man unter Süßwasserfischen bekommt. Allerdings stören die vielen Gräten, so daß der Hechtesser schon eine geschickte Hand und etwas Geduld beim Essen braucht. Die hier beschriebene Garmethode läßt den Saft und den Geschmack des Fisches voll in die Rahmsauce übergehen und verleiht ihr so ein unvergleichliches Hecht-Aroma.

Weinempfehlung

Kräftiges Fischaroma und die einreduzierte, rahmige Weinsauce sorgen für ein herzhaftes, aber auch weiches Geschmacksbild. Ähnliche Merkmale sollte auch der dazu passende Wein haben. Wir finden diese bei gereiftem, trockenem Weißburgunder Spätlese und bei saftigem Grauburgunder.

Sauerbraten vom Hauskaninchen

Marinierzeit: über Nacht
Zubereitungszeit: etwa 1 Stunde

Sie benötigen für 4 Portionen

Für Marinade und Fleisch

4 Tomaten
1 kleine Stange Lauch
1 Stück Knollensellerie (etwa 60 g)
10 Schalotten
300 ml aromatischen Wein (zum Beispiel Grauburgunder Spätlese)
1 Zweig Thymian
4 Knoblauchzehen
1 Lorbeerblatt
2 Nelken
4 Wacholderbeeren
2 Pimentkörner
1 TL Senfkörner
4 küchenfertige Kaninchenkeulen

Zum Braten

etwas Salz
schwarzen Pfeffer aus der Mühle
4 EL Butter
1/2 l Kalbsfond (Fertigprodukt)

So wird's gemacht

1. Für die Marinade Tomaten und Lauch putzen, waschen und grob würfeln. Sellerie und Schalotten putzen, schälen und ebenfalls grob würfeln. Alles mit den übrigen Zutaten für die Marinade verrühren. Die Kaninchenkeulen darin über Nacht einlegen.
2. Am nächsten Tag die Marinade durch ein Sieb abschütten und die Flüssigkeit dabei auffangen. Das Gemüse im Sieb aufheben. Das Fleisch gut trockentupfen, salzen und pfeffern.
3. Die Kaninchenkeulen in 2 Eßlöffeln der Butter anbraten. Das abgetropfte Gemüse dazugeben.
4. Das Fleisch etwa 30 Minuten zugedeckt mit geringer Hitze garen. Es dabei immer wieder mit etwas Marinade ablöschen, bis diese fast eingekocht ist.
5. Die Sauce mit dem Fond auffüllen und noch einmal aufkochen. Dann das Fleisch herausnehmen und zugedeckt warmstellen.
6. Die Sauce etwas einkochen lassen. Die restlichen 2 Eßlöffel kalte Butter in Flöckchen in die nicht mehr kochende Sauce einrühren und diese durch ein Sieb geben.
7. Die Keulen auf einer vorgewärmten Platte anrichten. Die Sauce getrennt dazu reichen.
(auf dem Foto: rechts)

Beilagen

Petersilienkartoffeln und gedünsteten Kopfsalat.

Das Rezept für die **gedünsteten Salatherzen** ist einfach:
1. Von 4 Salatköpfen die äußeren Blätter entfernen. Die Salatherzen blanchieren, mit kaltem Wasser abschrecken und ausdrücken. Eventuell mit einer Schnur zubinden, um die Form der Köpfchen zu erhalten.
2. In einem großen Topf 2 Eßlöffel Butter schmelzen lassen. Die Salatköpfe hineinsetzen und zugedeckt etwa 4 Minuten schmoren. Mit Salz und Pfeffer würzen, umdrehen und noch einmal 4 Minuten schmoren. 1/4 l Fleischbrühe zugeben. Die Salatherzen noch einmal 10 Minuten schmoren, herausnehmen und warm stellen.
3. Die Sauce zur Hälfte einkochen, 60 g Créme fraîche dazugeben, 1/8 l Wein angießen und alles mit Salz, Pfeffer und etwas Zitronensaft würzen. Die Sauce mit etwas Butter aufmixen, über die Salatherzen geben und diese mit Schnittlauchröllchen garnieren.

Weinempfehlung

Das Fleisch vom Hauskaninchen ist fast weiß, äußerst zart und ähnelt geschmacklich dem von Hühnerfleisch. Die würzig-aromatische, einreduzierte Marinade gibt dem Gericht eine pikante Note, die nach feinaromatischen Weißweinen mit verhaltener Säure verlangt. Eine geschmeidige, gereifte, trockene Grauburgunder Spätlese oder ein saftiger Nobling aus dem Markgräflerland können ideale Partner sein.

KULINARISCHES

Unter dem Namen „Rehrücken Baden-Baden" ist er auf die Speisenkarten von Feinschmeckerlokalen gekommen – und er hat es verdient. Wichtig ist, daß das Fleisch nicht in eine Beize gelegt wird, die den Wildgeschmack zerstört. Das hat die neue Küche uns gelehrt.

Weinempfehlung

Da der Rehrücken mit Knochen gebraten wird, entwickelt sich ein sehr intensiver und herber Wildgeschmack mit hohem Anteil an Röststoffen. Nur sehr gerbstoffbetonte, gehaltvolle Rotweine können hier noch zur Geltung kommen. Eine feine Barrique-Note wird dem Liebhaber solcher Weine dabei besonders gut gefallen. Trockene Spät- und Auslesen von Dornfelder, Lemberger oder Spätburgunder sind gleichberechtigte Partner und geben angenehme Harmonie. Wenn Rotweine nicht zusagen, wird man an einem Grauburgunder Gefallen finden.

Rehrücken Baden-Baden

Zubereitungszeit: etwa 3 Stunden
Zeit zum Durchziehen: über Nacht

Sie benötigen für 6 Portionen

Für den Fond

- 2 Zwiebeln
- 1 Möhre
- 1 Stück Sellerieknolle (60 g)
- 1 kleine Stange Lauch
- 1 kg gehackte, fleischige Rehknochen
- 1 Zweig Thymian
- 12 Wacholderbeeren
- 1 Nelke
- 12 weiße Pfefferkörner
- 12 schwarze Pfefferkörner
- 1 Flasche Spätburgunder Rotwein (0,7 l)
- 3 EL Olivenöl
- 4 geschälte Tomaten
- 2 l Wasser

Für das Fleisch

- 1 küchenfertigen Rehrücken mit Knochen (etwa 1,5 kg)
- etwas Salz
- schwarzen Pfeffer aus der Mühle
- 3 EL Olivenöl
- 1 Becher saure Sahne (125 g)
- 125 g Crème fraîche
- 6 EL Johannisbeergelee
- etwas Cayennepfeffer
- etwas Senf

Für die Birnen

- 3 Birnen
- etwas Zucker
- 100 ml Weißwein
- 1/4 Zimtstange
- etwas Zitronensaft
- 100 ml Wasser
- 2 EL Preiselbeeren aus dem Glas

So wird's gemacht

1. Am Vortag die Marinade herstellen. Die Zwiebeln schälen, das Gemüse putzen und waschen. Beides in grobe Würfel schneiden. Mit den Knochen und den Gewürzen in den Wein einlegen. Die Knochen sollen von Flüssigkeit bedeckt sein. Die Marinade über Nacht durchziehen lassen.

2. Am nächsten Tag die Marinade durch ein Sieb gießen und auffangen. Die Knochen in einem Bratentopf in dem Olivenöl scharf anbraten. Das abgetropfte Gemüse aus dem Sieb dazugeben und weiterrösten.

3. Die Tomaten dazugeben. Alles mit etwas Marinade ablöschen und bei großer Hitze reduzieren. Das Ablöschen und Einköcheln 3- bis 4mal wiederholen, bis die Marinade verbraucht ist und der Topfinhalt eine dunkle Farbe bekommt. Danach 2 l Wasser angießen und alles so lange (etwa 1 Stunde) kochen, bis sich das Fleisch langsam von den Knochen löst. Den Fond absieben und auf 1/2 l einkochen lassen.

4. Den Backofen auf 250° C vorheizen. Durch das Rückenmark des Rehrückens einen Stahlspieß stecken (damit es sich nicht verbiegen kann). Den Rehrücken salzen, pfeffern und mit der Unterseite nach oben in einer Pfanne mit heißem Olivenöl scharf anbraten. Ihn dann im Backofen etwa 15 Minuten weiterbraten und dabei ständig mit Bratenfond begießen. Das Fleisch aus der Pfanne nehmen und warm stellen.

5. Den Rehfond in der Pfanne aufkochen. Saure Sahne und Crème fraîche dazugeben. Alles durchkochen und mit Johannisbeergelee, Cayennepfeffer und etwas Senf abschmecken. Warm stellen.

6. Die Birnen schälen, halbieren und die Kerngehäuse entfernen. Etwas Zucker, den Wein, Zimt und Zitronensaft in 100 ml Wasser aufkochen. Die Birnen darin zugedeckt weichdünsten, dann abtropfen lassen und mit den Preiselbeeren füllen.

7. Vom Rehrücken das Fett abschneiden. Das Fleisch auslösen, schräg in Scheiben schneiden und auf einer vorgewärmten Platte wieder auf die Knochen setzen. Mit den Birnen umlegen. Die Sauce getrennt dazu reichen.

Beilagen

Reichen Sie dazu gebratene Pfifferlinge (außerhalb der Saison andere Waldpilze) und Spätzle oder gedünstete Maronen und Speckrosenkohl.

Tip

Wer das Selbstherstellen des Fonds umgehen möchte (Schritt 1 bis 3), kauft Wildfond als Fertigprodukt im Glas.

Neuweierer Kutteltorte

Zeit zum Gehen: etwa 40 Minuten
Zubereitungszeit: etwa 1 1/2 Stunden

Sie benötigen für 6 Portionen

- 1 Rezept Hefeteig (Seite 118)
- 3 Knoblauchzehen
- 5 Zwiebeln
- 250 g Kutteln
- (vom Metzger vorbereitet)
- 3 EL Butter
- 250 g saure Sahne extra (24% Fett)
- 1/2 rote Paprikaschote
- 2 Tomaten
- etwas Salz
- schwarzen Pfeffer aus der Mühle
- etwas Kümmel
- 5 frische Eier
- 50 g fetten Speck

So wird's gemacht

1. Den Hefeteig zubereiten (siehe Seite 118) und gehen lassen.
2. Inzwischen den Backofen auf 180°C vorheizen. Für den Belag Knoblauchzehen und Zwiebeln schälen und fein würfeln. Mit den feingeschnittenen Kutteln in der Butter andünsten. Die saure Sahne dazugeben und alles kurz durchkochen.
3. Die Paprikaschote putzen, halbieren, waschen, entkernen und würfeln. Die Tomaten enthäuten, vierteln, entkernen und würfeln. Beides zusammen mit den Gewürzen zu den Kutteln geben und aufkochen. Abkühlen lassen und die Eier darunterrühren.
4. Den Teig ausrollen und auf ein angefeuchtetes rundes oder kleines quadratisches Blech legen. Ringsherum einen Rand hochziehen. Den Belag darauf geben. Den Speck würfeln und darüberstreuen.
5. Die Torte im Ofen etwa 50 Minuten backen. Heiß servieren.
(auf dem Foto)

Tip

Wer Knoblauch nicht mag, kann ihn bei diesem Rezept weglassen.

Weinempfehlung

Die etwas mächtige, aber gleichzeitig pikante Torte ist mit den Würznoten von Knoblauch und Kümmel eine Herausforderung für den Kellermeister. Aromatische und gleichzeitig säurebetonte Weine mit kräftigem Körper können hierbei bestehen. Eine junge, kräftige, trockene Grauburgunder Spätlese bietet eine angenehme Balance.

Badischer Speckkuchen

Zeit zum Gehen: etwa 40 Minuten
Zubereitungszeit: etwa 30 Minuten

Zutaten für 6 Portionen

Für den Hefeteig

- 150 ml Milch
- 20 g Hefe (1/2 Würfel)
- etwas Zucker
- 300 g Mehl
- 180 g flüssige Butter
- 1 frisches Ei
- etwas Salz

Für den Belag

- 250 g Lauch
- 2 Zwiebeln
- 250 g geräucherten Speck
- 250 g süße Sahne
- 4 frische Eier
- etwas Salz
- schwarzen Pfeffer aus der Mühle
- Paprikapulver edelsüß
- geriebene Muskatnuß
- 100 g geriebenen Emmentaler

So wird's gemacht

1. Die Milch erwärmen, die Hefe hineinbröckeln und mit etwas Zucker und Mehl zu einem Vorteig verrühren. An einem warmen Ort zugedeckt 5 bis 10 Minuten gehen lassen.

2. Den Vorteig mit der Butter, dem restlichen Mehl, dem Ei und etwas Salz mischen. Alles verkneten, bis sich der Teig vom Schüsselrand löst. Den Teig nochmals etwa 1/2 Stunde gehen lassen.

3. In der Zwischenzeit den Lauch putzen und waschen, die Zwiebeln schälen. Beides in Ringe schneiden. Den Speck würfeln und zwei Drittel davon in einer Pfanne auslassen. Zwiebeln und Lauch im Speckfett andünsten. Den Backofen auf 220° C vorheizen.

4. Sahne, Eier, Gewürze und Käse gut miteinander verrühren. Ausgelassener Speck, Zwiebeln und Lauch dazugeben.

5. Den Teig ausrollen und auf ein angefeuchtetes rundes Blech geben. Ringsherum einen Rand hochziehen. Den Belag auf dem Boden verteilen. Zum Schluß die restlichen Speckwürfel darüberstreuen.

6. Den Speckkuchen im Ofen etwa 30 Minuten backen. Dann herausnehmen und heiß servieren.

(auf dem Foto: rechts)

Weinempfehlung

Saftiger Gutedel oder Rivaner (Müller-Thurgau), aber besser noch ein schon etwas fortgeschrittener Federweißer, auch Sauser oder Suser genannt, sind hier zu empfehlen.

Bäckeofen

Marinierzeit: über Nacht
Zubereitungszeit: etwa 2¼ Stunden

Sie benötigen für 4 Portionen

250 g Rindfleisch
(Brust oder Schulter)
250 g Schweinefleisch
(Nacken oder Schulter)
250 g Lammfleisch
(Nacken oder Schulter)
1 Schweinsfuß
oder Schweineschwanz
2 Knoblauchzehen
etwas Salz
schwarzen Pfeffer aus der Mühle
4 große Zwiebeln
750 g Kartoffeln
getrockneten Thymian
2 Lorbeerblätter
5 Wacholderbeeren
½ l Weißwein
2 EL Mehl
etwas Wasser

So wird's gemacht

1. Das Fleisch in 3 cm große Würfel schneiden. Zusammen mit dem halbierten Schweinsfuß (oder dem -schwanz) und dem geschälten Knoblauch mit etwas Salz und Pfeffer in einem Topf zugedeckt über Nacht kühl stellen.
2. Am nächsten Tag die Zwiebeln schälen und in Ringe schneiden. Den Boden einer großen, feuerfesten Form (Bäckeofen-Form) damit auslegen.
3. Den Backofen auf 150° C vorheizen. Die Kartoffeln schälen, waschen und in Scheiben schneiden.
4. Nun immer abwechselnd eine Schicht Fleisch und eine Schicht Kartoffeln in den Topf geben. Jede Schicht kräftig mit Salz, Pfeffer und Thymian würzen. Die oberste Schicht des Gerichtes sollte aus Kartoffeln bestehen.
5. Die Lorbeerblätter und die Wacholderbeeren auf die oberste Schicht geben und den Wein angießen. Er sollte in dem Gefäß mindestens bis zur Hälfte stehen.
6. Die Form mit einem Deckel luftdicht verschließen. Dazu den Deckel mit einem Teig aus Mehl und etwas Wasser abdichten. Alles im Backofen 1½ Stunden garen.
(auf dem Foto: links)

Beilage
Dazu serviert man grünen Salat.

Tips

- Versuchen Sie, eine der praktischen Bäckeofen-Formen zu bekommen (im Badischen auf jedem Topfmarkt erhältlich), bei der der Deckel ein ganz kleines Dampfabzugloch hat. Denn im Topf muß es riechen, nicht in der Küche.
- In manchen Gegenden wird mit dem Wein eine Marinade zubereitet und das Fleisch darin 24 Stunden eingelegt. Die Marinade wird dann über das Gericht gegeben, bevor es in den Ofen kommt.

Historisches

Bäckeofen ist ein traditionelles Gericht der alemannischen Küche – im Elsaß, in der Pfalz und in Baden beliebt. Deshalb hat es auch viele Abwandlungen erfahren. Man sagt, die Weinbauern hätten morgens den Topf mit den Zutaten zum Bäcker gebracht, der ihn in den noch warmen Backofen stellte, so daß das Gericht mittags bei Rückkehr der Weinbauern gut „durch" war. Der Wein, mit dem das Gericht zubereitet wird, sollte auch beim Essen getrunken werden.

Weinempfehlung

Der Wein ist ein bestimmender Bestandteil der Rezeptur. Deshalb ist nahezu jeder dezente bis feinaromatische Weißwein ohne Restsüße geeignet. Mittags sollte man bei trockenen Kabinettweinen bleiben, abends darf es auch eine Spätlese sein.

Spargel mit Schinken und Kratzete

Zubereitungszeit: etwa 45 Minuten

Sie benötigen für 4 Portionen

2 kg weißen Spargel
etwas Salz
etwas Zucker
1 TL Butter
150 g Mehl
2 frische Eier
gut ¼ l Milch
etwas Butter zum Braten
400 g Schwarzwälder Schinken
(in dünne Scheiben geschnitten)

So wird's gemacht

1. Den Spargel waschen, schälen und die unteren, holzigen Enden abschneiden.
2. Dann 2½ l Wasser mit etwas Salz, Zucker und der Butter zum Kochen bringen. Den Spargel darin etwa 20 Minuten garen.
3. Inzwischen Mehl, etwas Salz, Eier und Milch zu einem Teig verrühren. Die Butter in einer Pfanne zerlassen und aus dem Teig dünne Pfannkuchen backen. Nach dem Wenden die Pfannkuchen jeweils zerreißen und noch etwas weiterbacken.
4. Den Spargel auf einer Platte zusammen mit den gerollten Schinkenscheiben und dem Kratzete anrichten.

Beilagen
Man serviert zum Spargel Salzkartoffeln und geschmolzene Butter.
Bei Wilfried Serr bekommen Sie statt der geschmolzenen Butter eine Sauce Hollandaise (selbst über Wasserdampf gerührt) zum Spargel.

Weinempfehlung

Der feinaromatische Spargel mit seiner anregenden Säure und der mildgeräucherte saftige Schinken lassen uns bei der Weinauswahl das Kratzete vernachlässigen. Ähnliche Geschmackskomponenten finden wir im jungen, trockenen Gutedel, im zarten Auxerrois und im etwas kräftigeren Weißburgunder.

Bayern

Bayern

München, Oktoberfest, Gaudi, Hendl und Steckerlfisch, das fällt dem Nord- oder Niederdeutschen zu Bayern ein. Bestenfalls der Alpenrand spielt noch in der Vorstellung eine Rolle. Von gutem Essen ist dabei nicht die Rede, höchstens von den bekannten „Schmankerln", die aber keine sind, sondern korrekterweise in die Wirtshaus- oder Brotzeitkost einzuordnen sind: Weiß- und Bratwürste, Brezen und Radi, Leberkäs und Leberknödel mit Sauerkraut. Schmankerln nannte man dagegen ursprünglich die feinen Kleinigkeiten: ein Fasanenbrüsterl, ein Spargelomelett, eine Gansleber.
Die bayerische Küche teilt sich in die feine Hofküche, die bürgerliche Küche, die bäuerliche Kost und die Armenküche – und in dem katholisch geprägten Landstrich ist auch noch Platz für die Klosterküche. Die Hofküche und die bürgerliche Küche sind insofern miteinander verbunden, als die Hofküche sich durch Jahrhunderte hindurch nach Frankreich orientierte und die bürgerliche Küche diese imitierte, ja in die Sphäre des Bürgertums übersetzte.

Die Klosterküche hat gleichfalls ihre Traditionen. Zum gepflegten Kräutergärtchen, auch für die Zwecke der Heilkunst, kam das Wissen um die Fastenspeise. In der Beschränkung zeigt sich der Gourmet, dem die übrigen Fleischeslüste verwehrt sind. Ein Beispiel sind die Regensburger Fischwürsterl. Das fast vergessene Rezept wurde der heutigen Zeit entsprechend überarbeitet und in dieses Buch aufgenommen (Seite 123).
Die bäuerliche Kost war ein Spiegel der Jahreszeiten. Da wechselten Schlachtfest, Kirchweih und andere Feste, die zum Anlaß einer solennen Fresserei genommen wurden, mit Zeiten, in denen die Hausfrau die Mäuler kaum stopfen konnte. Die Voraussetzung, eine mehrtägige Bauernhochzeit ohne Schaden zu überstehen, war die bescheidene Ernährung in der übrigen Zeit.
Süddeutschland hat einige Spezialitäten, wobei die Kutteln den Reigen eröffnen. Es folgt das Lüngerl (hochdeutsch „Lunge"). Die einen sind verrückt danach, die anderen lehnen es kategorisch ab. Unser Küchenmeister Markus Bischoff ißt es nur, wenn er weiß, wer es gekocht hat. Er empfiehlt, das Lüngerl einmal selbst zuzubereiten, dann schmelzen die Vorurteile vor dem Geschmack dahin. Wer es gehaltvoller haben möchte, nimmt noch ein Kalbsherz hinzu. Er erhält dann ein sogenanntes „Beuscherl".
Die in die Stadt gekommenen Landbewohner haben stets ihre Eßgewohnheiten und Gerichte mitgebracht und den veränderten Lebensgewohnheiten angepaßt. Daraus ist heute ein buntes Kaleidoskop geworden, das uns unter der Sammelbezeichnung „Bayerische Küche" zum Probieren einlädt.

KULINARISCHES

Das Wort „Linsen" ruft bei vielen böse Kindheitserinnerungen wach. Markus Bischoff hat seinen Gästen mit diesem Rezept aber immer wieder bewiesen, daß ihre Vorurteile unbegründet sind. Voraussetzung ist allerdings, daß man bei der Auswahl der Linsen (ganz besonders gut sind die kleinen, französischen Landlinsen) und beim Kochen mit Sorgfalt und Liebe vorgeht.

Renken auf Linsengemüse

Zubereitungszeit: etwa 1 1/2 Stunden

Sie benötigen für 4 Portionen

- 250 g Linsen
- 1 Möhre
- 1 Stück Knollensellerie (etwa 50 g)
- 1/2 Stange Lauch
- 2 Schalotten
- 60 g Wammerl (gepökelter, geräucherter, gekochter Schweinebauch)
- 2 EL Butter
- 1 TL Tomatenmark
- 8 EL gealterten Weinessig oder Balsamessig
- 100 ml dunklen Kalbsfond (Fertigprodukt)
- etwas Salz
- schwarzen Pfeffer aus der Mühle
- 1 TL Senf
- abgeriebene Schale von 1/2 unbehandelten Orange
- 4 küchenfertige Renken à 350 g
- etwas Zitronensaft
- etwas Mehl
- 4 EL Butterschmalz

So wird's gemacht

1. Die Linsen einmal in 1 l Wasser aufkochen, dann abschütten und mit kaltem Wasser abspülen. So werden Schmutzpartikel und ein Teil der Blähstoffe entfernt.

2. Möhre und Sellerie putzen, schälen, waschen und fein würfeln. Den Lauch putzen, waschen und in feine Ringe schneiden. Die Schalotten schälen und zusammen mit dem Wammerl würfeln. Die Butter in einem Topf erhitzen und Gemüse, Schalotten sowie Wammerl darin anrösten. Das Tomatenmark dazugeben.

3. Die Linsen abtropfen lassen und in den Topf mit dem Röstgemüse geben. Mit dem Essig ablöschen und den Kalbsfond angießen.

4. Die Linsen etwa 45 Minuten zugedeckt köcheln lassen, bis sie gar sind. Am Ende des Garvorgangs schwimmen die Linsen nicht mehr in der Kochflüssigkeit, sondern sind mit ihr sämig überzogen. Die Linsen mit Salz, Pfeffer, Senf und Orangenschale pikant abschmecken.

5. Die Renken waschen, trockentupfen, mit Zitronensaft beträufeln und salzen. Dann in Mehl wenden. Die Fische im heißen Butterschmalz auf beiden Seiten etwa 5 Minuten bei mittlerer Hitze braten, bis sich die Rückenflossen problemlos herausziehen lassen. Mit dem Linsengemüse anrichten.

Beilagen

Gute Esser nehmen dazu Salzkartoffeln, Spätzle oder Nudeln.

Tip

Aus übriggebliebenen Linsen läßt sich am nächsten Tag mit etwas Rinderbrühe und Sahne eine köstliche Suppe zaubern.

Weinempfehlung

Durch den etwas hohen Anteil von reifem Essig erhalten die Linsen einen mäßig sauren Geschmack, der vom Senf zusätzliche Schärfe und von der Orangenschale ein pikantes Aroma erhält. Die sehr zarten Renken erhalten einen buttrig-würzigen Charakter. Da sich das Geschmacksbild von Säure rasch addiert, sollte ein möglichst milder Wein mit relativ neutralem Charakter, aber mittelkräftigem Körper, gereicht werden, z.B. trockener Gutedel, Nobling Kabinett oder auch fränkischer Silvaner.

Regensburger Fischwürsterl

Zubereitungszeit: etwa 45 Minuten

Sie benötigen für 4 Portionen

500 g küchenfertigen Zander
500 g küchenfertigen Karpfen
1 Brötchen
1/4 l lauwarme Milch
2 Schalotten
etwas Butter
1 kleinen Bund Petersilie
4 frische Eier
etwas Zitronensaft
etwas Mehl
etwas Salz, schwarzen Pfeffer
etwas getrockneten Majoran
Semmelbrösel
Butterschmalz zum Ausbacken

So wird's gemacht

1. Die Fische filetieren (am besten lassen Sie das gleich vom Fischhändler machen). Dann würfeln und durch die mittelfeine Scheibe des Fleischwolfs drehen.

2. Das Brötchen in der lauwarmen Milch einweichen. Ausdrücken und zweimal durch den Wolf drehen.

3. Die Schalotten schälen und fein würfeln. In der Butter andünsten.

4. Die Petersilie waschen, trockentupfen und fein hacken. Mit den Schalotten, 2 Eiern, dem Zitronensaft und den durchgedrehten abgekühlten Brötchen in die Fischmasse einarbeiten. Mit Salz, Pfeffer und Majoran abschmecken.

5. Aus der Fischmasse daumendicke Würsterl formen. Die restlichen 2 Eier miteinander verquirlen. Die Würsterl zuerst in Mehl, dann in den Eiern und zuletzt in Semmelbröseln wenden. Die Würstchen in Butterschmalz in einer Pfanne goldgelb ausbacken.

(auf dem Foto)

Beilagen

Kartoffelsalat, mit Brühe angemacht, und/oder grüner Salat mit Radieschen passen dazu.

Weinempfehlung

Die Fischwürsterl sind zart erhalten durch das Panieren und Braten aber etwas Würze. Milde und eher etwas neutrale Weine mit mäßigem Körper unterstützen den Geschmack; z.B. reifer, trockener Weißburgunder Kabinett aus Baden oder junger, trockener bis halbtrockener Silvaner aus Franken.

Böfflamott

Marinierzeit: 3 bis 4 Tage
Zubereitungszeit: etwa 4 Stunden

Sie benötigen für 4 Portionen

Für Beize und Fleisch

- 2 Zwiebeln
- 3 Möhren
- 1 Stück Sellerieknolle (etwa 100 g)
- 8 Pfefferkörner
- 8 Wacholderbeeren
- 5 Pimentkörner
- 4 Nelken
- 3 Lorbeerblätter
- 1/4 l Weinessig
- 1/2 l Rotwein
- 1 kg Rindfleisch (flache Schulter)

Zum Braten

- etwas Salz
- schwarzen Pfeffer aus der Mühle
- etwas Mehl
- 2 EL Öl
- 200 g Schalotten
- oder frische Perlzwiebeln
- 1 EL Zucker
- 1 EL Weinessig
- 2 EL Butter
- Saucenlebkuchen nach Geschmack

So wird's gemacht

1. Die Zwiebeln schälen. Möhren und Sellerie putzen, waschen und mit den Zwiebeln in Scheiben schneiden. Alles zusammen mit den Gewürzen, Essig, Wein und Wasser aufkochen. Dann abkühlen lassen. Das Fleisch für 3 bis 4 Tage in die Marinade einlegen.
2. Danach das Fleisch aus der Beize nehmen (diese durch ein Sieb geben und aufheben) und trockentupfen. Mit Salz und Pfeffer würzen und mit etwas Mehl bestäuben.
3. Den Backofen auf 180° C vorheizen. Das Fleisch in einem Bräter im Öl rundherum anbraten. Es dann aus dem Bräter nehmen und zur Seite stellen.
4. Die Schalotten schälen. Den Zucker im Bratenfett karamelisieren lassen, dann mit Essig ablöschen. Die Schalotten zusammen mit der Butter dazugeben und das Fleisch darauf legen. Es im Ofen zugedeckt etwa 1/2 Stunde schmoren und von Zeit zu Zeit mit etwas Beize begießen.
5. Wenn die Schalotten weich sind, sie herausnehmen. Das Fleisch in 2 bis 3 Stunden weichschmoren. Es dabei immer wieder mit der Bratenflüssigkeit übergießen. Zum Schluß muß eine sämige Sauce entstehen. Diese mit dem zerbröckelten Saucenlebkuchen abschmecken. Die Schalotten darin erwärmen.
6. Das Fleisch in Scheiben schneiden und zusammen mit der Sauce anrichten.

Beilagen

Zünftig bayerisch ist das Böfflamott mit Speckknödeln und Rahmschwammerln (beide Rezepte rechts)

Kulinarisches

Das französische „Boeuf à la mode" wurde hier dem rustikalen, bayerischen Geschmack, sein Name der bayerischen Zunge angepaßt. Das Ergebnis? Nun, probieren Sie!

Weinempfehlung

Durch die saure Beize wird das Rindfleisch nicht nur im Geschmack beeinflußt, sondern es wird auch besonders zart und mürbe. Scharfes Anbraten und Schmoren führen zu einem deutlichen Anteil an Röststoffen. Die Saucenlebkuchen binden die Säure der Beize und vermitteln ein würzig-süßes Geschmacksbild. Ähnliche Komponenten finden wir in bereits etwas abgelagerten, hochwertigen, trockenen Rotweinen der Burgunderfamilie (Spätburgunder, Frühburgunder, Schwarzriesling), insbesondere bei trockenen bis halbtrockenen Spätlesen.

Speckknödel

Zubereitungszeit: etwa 45 Minuten

Sie benötigen für 4 Portionen

- 8 altbackene Brötchen
- 300 ml lauwarme Milch
- 70 g Wammerl (gepökelter, geräucherter und gekochter Schweinebauch)
- 2 Schalotten
- 1 kleinen Bund Petersilie
- 3 frische Eier
- geriebene Muskatnuß
- etwas Salz

So wird's gemacht

1. Die Brötchen in Scheiben schneiden und in der lauwarmen Milch einweichen. Dann leicht ausdrücken und in eine Schüssel geben.
2. Das Wammerl in Würfel schneiden. Die Schalotten schälen und fein würfeln. Die Petersilie waschen, trockentupfen und fein hacken. Wammerl und Schalotten in einer Pfanne anrösten. Die Petersilie kurz in der Pfanne schwenken. Den Inhalt über die Brötchenmasse geben.
3. Aus der Brötchenmasse, den Eiern und den Gewürzen einen Teig herstellen. Mit nassen Händen tennisballgroße Klöße daraus formen.
4. Reichlich Salzwasser zum Kochen bringen und die Klöße darin offen bei milder Hitze in etwa 20 Minuten garziehen lassen.

Tip

Gekochte Knödel vom Vortag, in Scheiben geschnitten und mit einer Vinaigrette angemacht, nennt man in Bayern „Saure Knödel". Sie schmecken zusammen mit einem Salat vorzüglich.

Rahmschwammerl

Zubereitungszeit: etwa 35 Minuten

Sie benötigen für 4 Portionen

600 g Schwammerl (siehe Tips)
1 bis 2 Schalotten
3 EL Butter
etwas Salz
schwarzen Pfeffer aus der Mühle
100 ml Kalbsjus oder reduzierten Kalbsfond
Knoblauch nach Belieben
etwas Zitronensaft
3 EL gehackte Kräuter (Petersilie und Schnittlauch)
1 bis $1^1/_2$ Becher (200 – 300 g) Rahm (süße Sahne)

So wird's gemacht

1. Die Pilze putzen, nur kurz waschen und gut trockentupfen. Große Pilze in dünne Scheiben schneiden. Die Schalotten schälen und fein würfeln.

2. Die Butter in einer Pfanne erhitzen. Die Pilze hineingeben, mit Salz und Pfeffer würzen und anrösten. Die Schalottenwürfel kurz mitdünsten. Alles mit dem Kalbsjus ablöschen und noch etwa 15 Minuten köcheln lassen, bis alle Flüssigkeit verdampft ist.

3. Die Pilze dann mit Salz, Pfeffer, den zerdrückten Knoblauchzehen, Zitronensaft und Kräutern abschmecken. Die Sahne hineinrühren, die Sauce nachwürzen und das Gericht sofort servieren.

Tips

- Steinpilze, Maronen oder Reherl (Pfifferlinge) eignen sich für dieses Gericht am besten. Auch Wiesenchampignons sind zu empfehlen. Für Kenner kann auch ein Gericht von gemischten Pilzen von Reiz sein.
- Die Schwammerl sind nicht nur als Beilage ein Genuß. Zusammen mit Semmelknödeln ergeben sie ein komplettes Gericht. Bemessen Sie dann die Pilzportionen etwas größer.

Hasenkeulen

Marinierzeit: 2 Tage
Zubereitungszeit: etwa $1\frac{1}{2}$ Stunden

Sie benötigen für 4 Portionen

2 küchenfertige Hasenkeulen
1 l Buttermilch
5 Wacholderbeeren
etwas Salz
schwarzen Pfeffer aus der Mühle
200 g Räucherspeck
1 Zwiebel
1 Möhre
2 EL Öl
1 Becher saure Sahne (125 g)

So wird's gemacht

1. Die Hasenkeulen in die Buttermilch einlegen und 2 Tage lang zugedeckt im Kühlschrank marinieren lassen.
2. Danach das Fleisch trockentupfen. Die Wacholderbeeren zerdrücken. Das Fleisch mit Salz, Pfeffer und Wacholderbeeren einreiben.
3. Den Speck würfeln. Die Zwiebel schälen. Die Möhre putzen, schälen und waschen. Beides grob würfeln.
4. Das Öl in einem Topf erhitzen und den Speck darin auslassen. Das Fleisch darin anbraten. Zwiebel und Möhre dazugeben und alles zugedeckt etwa 1 Stunde schmoren lassen. Dabei nach und nach die saure Sahne hinzufügen.
5. Das Fleisch herausnehmen und auf einer vorgewärmten Platte anrichten. Die Sauce durch ein Sieb passieren und getrennt dazu reichen.

Beilagen

Dazu passen Semmelknödel und Blaukraut (Rotkohl). Im Leeberghof über dem Tegernsee bekommen Sie von Markus Bischoff das Blaukraut mit Preiselbeeren.

Weinempfehlung

Die Wacholderbeeren verstärken deutlich das Geschmacksbild. Der Räucherspeck überträgt seine Rauchnote in die Sauce. Die saure Sahne gleicht diese Merkmale etwas aus. Die letztendliche Hinwendung zum Rotwein wird zusätzlich durch die Beigabe des Blaukrauts begründet. Da dieses meist eine deutliche Süße aufweist, sollten die Weine nicht zu trocken und zu schlank sein. Reife Spätlesen, trocken bis halbtrocken, von Spätburgunder, Dornfelder oder Lemberger, nach Möglichkeit oxidativ ausgebaut, passen besonders gut.

Bauernente

Zubereitungszeit: etwa 3¼ Stunden

Sie benötigen für 4 Portionen

2 küchenfertige Enten à 2 bis 2,2 kg
mit Entenklein
1 Zwiebel
1 Orange
1 Apfel
etwas getrockneten Majoran
etwas Salz
schwarzen Pfeffer aus der Mühle
2 bis 3 Möhren
½ Sellerieknolle
½ l Wasser

So wird's gemacht

1. Die Enten waschen und trockentupfen. Das Entenklein (Herz, Magen und Gurgel) zur Seite legen. Den Backofen auf 190° C vorheizen.

2. Die Zwiebel schälen und fein würfeln. Die Orange schälen und das Fruchtfleisch in Würfel schneiden. Den Apfel schälen, das Kerngehäuse entfernen und den Apfel in Stücke schneiden. Alles zusammen mit etwas Majoran in die Enten füllen. Die Öffnungen zustecken oder zunähen. Das Geflügel mit Salz und Pfeffer einreiben.

3. Die Möhren und die Sellerieknolle putzen, waschen und kleinschneiden. Zusammen mit dem Entenklein in die Fettpfanne legen. Die Enten mit den Bauchseiten nach unten darauf setzen. ½ l Wasser dazugeben.

4. Die Enten im Ofen 2 bis 2½ Stunden braten. Sie nach einem Viertel der Garzeit auf die eine Seite, nach einem weiteren Viertel auf die andere Seite und zum Schluß auf die Brustseiten legen. Die Enten während der gesamten Bratzeit öfter mit dem ausgetretenen Fett begießen.

5. Die Enten herausnehmen und warm stellen. Die Bratflüssigkeit durch ein Sieb passieren und entfetten. Die Sauce mit Salz und Pfeffer abschmecken.

6. Die Enten auf einer vorgewärmten Platte anrichten. Die Sauce getrennt dazu reichen.

Beilagen

Kartoffelpüree und Blaukraut (Rotkraut)

Weinempfehlung

Apfel, Majoran und Orange aromatisieren das Fleisch und vor allem die Sauce. Die geröstete Haut ergänzt dieses Aroma. Besonders vorteilhaft sind deshalb Weine mit Körper und deutlicher Würze. Sofern man das Rotkraut vernachlässigt, liefert uns der Gewürztraminer als trockene Spätlese die schönste Harmonie. Wenn Rotweine bevorzugt werden, sollten möglichst ausgereifte und fruchtbetonte Weine von Frühburgunder oder Dornfelder gewählt werden.

Bayerische Leberknödel

Zubereitungszeit: etwa 50 Minuten

Sie benötigen für 4 Portionen

600 g Rinderleber
4 altbackene Brötchen
70 g fetten Speck
2 Zwiebeln
2 frische Eier
1 TL Zitronensaft
etwas getrockneten Majoran
etwas Salz, schwarzen Pfeffer
Semmelmehl nach Bedarf
2 l Fleischbrühe (Fertigprodukt)

So wird's gemacht

1. Die Leber abtupfen, die Röhren entfernen und die Leber durch die feine Scheibe des Fleischwolfs drehen.
2. Die Brötchen in Scheiben schneiden und in Wasser einweichen. Den Speck würfeln, die Zwiebeln schälen und kleinwürfeln. Den Speck auslassen und die Zwiebeln darin bräunen.
3. Die Brötchen ausdrücken und durch den Wolf drehen. Mit Zwiebeln, Eiern, Zitronensaft und den Gewürzen unter die Leber mischen. Falls der Teig zu feucht ist, etwas Semmelmehl dazugeben.
4. Die Fleischbrühe erhitzen. Aus dem Teig mit feuchten Händen Klöße formen und etwa 15 Minuten bei milder Hitze in der Fleischbrühe ziehen lassen. Mit der Kelle herausnehmen und abtropfen lassen.
(auf dem Foto: links)

Beilagen

Zu Leberknödeln werden Sauerkraut und Bauernbrot serviert. Die Knödel können aber auch in Brühe als Vorsuppe gereicht werden.

Weinempfehlung

Die Leberknödel schmecken herb-würzig, das Sauerkraut mild-sauer. Ähnliche Kombinationen finden wir in reifen, milden und gleichzeitig trockenen Spätlesen der Sorten Rivaner (Müller-Thurgau) und Grauburgunder, aber auch bei Silvaner aus Franken.

Obatzter

Zubereitungszeit: etwa 15 Minuten

Sie benötigen für 4 Portionen

1 reifen Camembert (250 g)
2 EL weiche Butter
3 EL Frischkäse oder Quark
1 Schuß helles Bier
weißen Pfeffer aus der Mühle
1 kleine Zwiebel
Paprikapulver edelsüß oder
gehackte Kräuter nach Geschmack

So wird's gemacht

1. Den Camembert zusammen mit der Butter und dem Frischkäse mit einer Gabel zerdrücken. Das Bier dazugeben und die Masse kneten, bis sie geschmeidig ist. Mit Pfeffer abschmecken.
2. Die Zwiebel schälen und in sehr feine Würfel schneiden. Diese mit etwas Paprikapulver oder den Kräutern unter den Käse mischen. Auf einem Holzteller anrichten.
(auf dem Foto: rechts)

Beilage

Obatzter wird mit Brezeln oder Bauernbrot serviert.

Tips

- Diese Köstlichkeit wird zubereitet, wenn der Camembert seine volle Reife erreicht hat. Feinschmecker warten schon darauf. Doch schauen Sie genau nach, der Camembert muß ein Rohmilchkäse sein, wenn der Obatzte nicht enttäuschen soll.
- Marcus Bischoff vom Leeberghof in Tegernsee schwört bei diesem Gericht auf die Zugabe von Frischkäse.

Weinempfehlung

Zu diesem würzigen Gericht passen junge, trockene bis halbtrockene Kabinettweine von Silvaner, Weißburgunder und Riesling.

Pichelsteiner Topf

Zubereitungszeit: etwa $2\frac{1}{4}$ Stunden

Sie benötigen für 4 Portionen

250 g Rindfleisch
250 g Schweinefleisch
250 g Hammel- oder Lammfleisch
50 g Butterschmalz
2 Zwiebeln
500 g Kartoffeln
2 Möhren
1 kleine Sellerieknolle
1 Stange Lauch
1 kleinen Wirsing
etwas Salz
schwarzen Pfeffer aus der Mühle
etwas Kümmel
$\frac{1}{2}$ l Fleischbrühe (Fertigprodukt)
2 EL gehackte Kräuter (Basilikum, Liebstöckel, Bohnenkraut)
1 Bund Petersilie

So wird's gemacht

1. Das Fleisch in mundgerechte Stücke schneiden. Das Butterschmalz erhitzen und die Fleischwürfel etwa 10 Minuten unter Rühren darin braten.
2. Die Zwiebeln schälen und in Scheiben schneiden. Die Kartoffeln schälen, waschen und grob würfeln. Möhren und Sellerie putzen, schälen, waschen und grob würfeln. Lauch und Wirsing putzen, waschen und in Ringe und Streifen schneiden.
3. Das Gemüse zusammen mit dem Fleisch lagenweise in einen großen Topf schichten. Jede Lage salzen, pfeffern und mit etwas Kümmel bestreuen. Die Brühe angießen und alles etwa $1\frac{1}{2}$ Stunden bei geringer Hitze zugedeckt garen.
4. Die gehackten Kräuter vor dem Servieren unter den Eintopf mischen. Die Petersilie waschen, trockentupfen, hacken und auf den Pichelsteiner streuen.

Weinempfehlung

Das Geschmacksprofil ist hier von der Wahl des Lammfleisches und der Kräuter abhängig. Die Weine sollten leicht und geschmacksbetont sein, wie z.B. ein saftiger Rivaner (Müller-Thurgau), ein kräftiger Grauburgunder oder ein Gutedel.

Saures Lüngerl

Zubereitungszeit: etwa 1 3/4 Stunden

Sie benötigen für 4 Portionen

- 1 kg ganz frische, rohe Kalbslunge
- 3 Möhren
- 1/2 Gurke
- 1 kleine Sellerieknolle
- 1 Stange Lauch
- 1 Gewürzgurke
- 1 große Schalotte
- 2 Sardellenfilets
- 2 EL Butter
- 3 EL Mehl
- 1/4 l Weißwein
- gut 1/2 l Geflügel- oder Kalbsfond (Fertigprodukt)
- 1 EL Kapern
- 250 g süße Sahne
- 3 EL saure Sahne
- etwas Salz
- weißen Pfeffer aus der Mühle
- 2 EL gehackte Petersilie
- evtl. etwas Gewürzgurkensud oder Weinessig

So wird's gemacht

1. Die Kalbslunge etwa 45 Minuten in einer Mischung aus Essig, Salz und Wasser kochen. Sie dabei mit einer sauberen, gefüllten Konservendose beschweren, daß sie nicht oben schwimmt.

2. Die Lunge danach putzen, also von Blutgewebe und Röhren befreien. Sie dann in etwa 3 cm breite Streifen schneiden.

3. Das frische Gemüse putzen, schälen, waschen und in feine Streifen schneiden. Die Gewürzgurke ebenfalls in Streifen schneiden. Die Schalotten schälen und kleinwürfeln. Die Sardellen fein hacken.

4. Die Butter in einem großen Topf schmelzen lassen. Das Mehl darin anschwitzen. Alles mit dem Weißwein und dem Geflügelfond unter Rühren ablöschen. Kapern, Schalottenwürfel, Gewürzgurke, Sardellen dazugeben und die Sauce sämig einkochen lassen.

5. Wenn nur noch 1/2 l Sauce im Topf ist, Sahne, saure Sahne, das kleingeschnittene Gemüse und das Lüngerl dazugeben. Das Gericht mit Kalbsfond, Salz und Pfeffer abschmecken. Die Petersilie daruntergeben.

6. Das saure Lüngerl noch 5 bis 10 Minuten ziehen lassen. Nach Wunsch etwas Gurkensud oder Essig dazugeben.

Beilage

Semmelknödel, denn damit kann man am besten die Sauce auftunken.

Tip

Versuchen Sie, beim Metzger bereits vorgekochte Lunge zu erhalten. Dann reichen 500 g davon. So sparen Sie sich die lange Kochzeit.

Weinempfehlung

Hier handelt es sich um eine exquisite Rezeptur mit einer deutlich weich-sauren Komponente und von sehr leichter Art. Weiche, dezente bis feinfruchtige Weine mit verhaltener Säure und Süße passen besonders gut, z.B. trockene bis halbtrockene Kabinettweine der Sorten Rivaner (Müller-Thurgau), Silvaner und Nobling.

Deutsche Weine schmecken zu allem, was schmeckt

Über Geschmack soll man bekanntlich nicht streiten, sondern „jedermann eigenen Geschmack zubilligen". Das gilt für Vorlieben für Autos, Kleidung und Sportarten ebenso, wie für unser täglich Brot, die häusliche oder andere Küchen und auch für die Kombination von Wein und Speisen, von der hier die Rede sein soll.
Geschmack oder das, was wir davon wahrnehmen, beginnt nicht erst auf der Zunge oder im Gaumen. Der Duft eines beliebten Gerichtes, der uns während der Zubereitung in „Omas Küche" entgegenkommt, läßt uns bereits das Wasser im Mund zusammenlaufen. Die Nase, aber auch die Augen, nehmen dabei die ersten Geschmackssignale auf. Dies gilt auch für die Verkostung von Wein. Der Anblick einer schönen Flasche mit geschmackvoll gestaltetem Etikett und noch mehr der eines noblen Stielglases, gefüllt mit glänzendem Riesling oder ziegelrotem Spätburgunder, läßt das Herz jedes Weinfreundes höherschlagen. Erwartungsvoll nehmen Kenner dann mit der Nase den ersten konkreten Duftton des Weines auf und beginnen so die „Geschmacksprobe". Aromatische Rebsorten mit prägenden Duftnoten, wie z. B. Gewürztraminer oder Scheurebe, sind selbst für nicht sehr geschulte Weinfreunde vor dem ersten Zungenkontakt schon so zu identifizieren.
Einstmals starre Regeln sind heute freieren Anschauungen gewichen. Jeder trinkt den Wein, der ihm am besten schmeckt. Die folgenden Empfehlungen sollen Ihnen daher die Weinauswahl erleichtern, ohne als Grundsätze verstanden zu werden.

- Die Lebensmittelzusammenstellung in Gerichten und die Menüfolge bestimmen unter anderem die Weinauswahl. Grundsätzlich sollte man bei einem Menü mit leichten Gängen beginnen und dann langsam zu gehaltvolleren Speisen übergehen. Man beginnt beispielsweise mit Salaten, Meeresfrüchten und leichten Vorspeisen und serviert demgemäß auch leichtere Weine. Dem Hauptgang mit gehaltvolleren Fleisch- und Fischgerichten werden dann schwerere Weine zugeordnet.

● Ebenso wichtig wie die Lebensmittelkombination eines Gerichtes ist die Zubereitungsart. Insbesondere die zu den Speisen gereichten Saucen bestimmen die Weinauswahl. Aber auch, ob ein Stück Fleisch oder Fisch gedünstet, gekocht oder gebraten sind von Gewicht. Und ebenso die Wahl der Gewürze und Kräuter zum Aromatisieren des Gerichtes. Dies alles beeinflußt Gehalt und Eigenart des auszuwählenden Weines.

● Die Vermählung von Wein und Speise kann ebenso Hochgenuß bedeuten wie die Wahrnehmung feinster Gegensätze und Kontraste zwischen Wein und Speise.

Trockene oder restsüße Weine? Ebenso falsch wie die frühere These „weißer Wein zu weißem Fleisch, roter Wein zu rotem Fleisch" ist die, daß man nur grundsätzlich trockene Weine zu Speisen genießen sollte. Richtig ist allerdings, daß süß-dominante Spät- und Auslesen, gleich welcher Rebsorte, ausgeprägt eigenen Fruchtgeschmack aufweisen und zu herben Speisen (zum Beispiel gebraten oder geröstet) eher einen kräftigen Gegensatz bilden. Herbe, kräftige Speisen kombiniert mit herben, kräftigen Weinen entsprechen mehr den internationalen Gepflogenheiten. Auch deshalb, weil trockene oder herbe Weiß- und Rotweine dezenter erscheinen und deshalb die Eigenart der Speise und ihrer Zubereitungsart mehr in den Vordergrund treten lassen.

Ob trocken oder nicht, dies sollte man keinesfalls als Hürde sehen. Kosten Sie die Weine individuell, und befinden Sie das für gut, was Ihnen besser schmeckt. Verbindliche Regeln des guten Tons oder des guten Geschmacks sind auf der Grundlage der Vielfalt internationaler Entwicklungen und Gegebenheiten mehr als in Frage gestellt. Demgemäß gilt es, eigenen Geschmack und eigene Leitlinien der Zuordnung zu erproben und fortzuentwickeln. Nachfolgend finden Sie eine grobe Einteilung der Speisen mit dazu passenden Weinen.

Art der Speise	*Art des Weines*
leichte, dezente Speisen: – milde Salate – zartes Gemüse – gedünsteter Fisch – gekochtes Fleisch von Kalb und Rind oder Geflügel – milder Käse, zum Beispiel Brie	trockene bis halbtrockene Kabinettweine, wie Riesling, Silvaner, Gutedel, Rivaner (Müller-Thurgau), Kerner, Weißburgunder und Grauburgunder
leichte, würzige Speisen: – zarte Ragouts – frische Pilze – Lamm und Wildgeflügel	trockene bis halbtrockene Kabinettweine, wie Rivaner (Müller-Thurgau), Grauburgunder, Bacchus, Scheurebe, Weißherbste und leichte Rotweine von Trollinger, Portugieser, Spätburgunder und Schwarzriesling
gehaltvolle, dezente Speisen: – Meeresfrüchte – herzhafter Seefisch – saftige Braten von Kalb, Schwein oder Lamm – fettreicher, milder Käse	saftige, trockene bis halbtrockene Qualitätsweine und Spätlesen, wie Weißburgunder, Grauburgunder und reife, trockene Riesling Auslesen; außerdem samtige, dezente Rotlinge und Roséweine sowie milde Rotweine, wie Portugieser und Spätburgunder
gehaltvolle, würzige Speisen: – ländliche Pasteten – gebratener Seefisch – saftige Braten oder Steaks von Rind, Hammel und Wild mit konzentrierten Saucen – Grillgerichte	ausdrucksvolle, trockene bis halbtrockene Qualitätsweine, Spätlesen und Auslesen, wie Weißburgunder, Grauburgunder, Traminer, Spätburgunder, Lemberger und Dornfelder
würziger, fettreicher Käse: zum Beispiel Blauschimmelkäse	reife Spätlesen und Auslesen, wie Riesling, Ruländer und Gewürztraminer mit edler Süße

Rebsorten

Was lange wächst, wird endlich gut. Das milde Klima der deutschen Anbaugebiete mit langer Reifezeit der Trauben von Frühjahr bis Spätherbst verleiht unseren Weinen ihren typischen Charakter und ihr feines Aroma. Es macht Spaß, spezielle Gerüche und Genüsse zu entdecken, wie sie nur unterschiedliche Rebsorten entwickeln können. Jeder kann seinen ganz persönlichen Geschmack finden. Den Kenner begeistert die Fülle an Nuancen, die die klassischen Rebsorten auf unterschiedlichen Standorten und Böden hervorbringen.
Nachfolgend stellen wir Ihnen die wichtigsten deutschen Rebsorten vor.

Weißwein-Rebsorten

Müller-Thurgau oder Rivaner

Die englische Autorin Jancis Robinson nennt ihn „die berühmteste und anerkannteste Züchtung". Sieht man die große Verbreitung des Müller-Thurgau, so glaubt man ihr gerne. 1882 hat ihn ein Prof. Müller aus dem Schweizer Kanton Thurgau als Leiter der Abteilung „Rebzüchtung" in Geisenheim gezüchtet. Müller-Thurgau-Weine mit zartwürzigem Aroma und milder Säure sind geschmacklich leicht zugänglich und werden aufgrund ihrer harmonischen Charaktereigenschaften gerne getrunken. Das machte den Müller-Thurgau zur meistangebauten Rebsorte Deutschlands. Die Weine haben ein angenehmes, muskatähnliches Aroma und erfreuen als trockener Zechwein, als milder Leichtwein oder zu zart-aromatischen Speisen Weinfreunde in aller Welt. In jüngster Zeit verwendet man verstärkt die als Synonym zugelassene Bezeichnung „Rivaner" für trockene Müller-Thurgau-Weine.
Farbe: blaßgelb bis hellgelb
Duft, Geschmack: blumig duftend, zartes Muskataroma
Säureausprägung: mild
Körper, Gehalt: mittel bis kräftig

Riesling

Der König der weißen Rebsorten stellt hohe Ansprüche an Boden und Klima, doch hat er das Zeug zu höchst unterschiedlichen Weinen. Sein Geschmacksbild wird oft mit Pfirsicharoma und lebendiger Frische umschrieben. Doch reicht es vom feinsten, mit weniger als 9% Vol-Alkohol extrem leichten Mosel-Saar-Ruwer Kabinett über spritzige, frische Rieslinge aus Rheinhessen und von der Nahe, kräftigen und dennoch feinen Rheingauern bis hin zu vollduftigen, fülligen Pfälzern und erdigen Württembergern. Nicht genug damit: Hinzu kommen die edelsüßen Weine aus der Rieslingtraube, Auslesen und höhere Prädikate, deren Spiel von Frucht, Aroma, Körper, Süße und Säure und deren Langlebigkeit kein anderer Wein der Welt zu bieten hat. Außerhalb Mitteleuropas bringt er es selten zu großer Qualität. Riesling ist, wie alle guten Sachen, nicht in riesigen Mengen zu haben – er trägt wenig. Aber weil immer mehr deutsche Winzer qualitätsorientiert arbeiten, steigt seit Jahren der Anteil der Rieslingfläche.
Farbe: blaßgelb mit zartem Grünstich
Duft, Geschmack: feinfruchtig, Pfirsich, Apfel
Säureausprägung: betont rassig
Körper, Gehalt: leicht

Kerner

1929 in Weinsberg gezüchtet, wurde die nach dem Weinsberger Dichter Justinius Kerner benannte Sorte rasch populär und ist heute eine der meistangebauten weißen Sorten. Im Vergleich zum Riesling produziert sie mehr Trauben und weniger Säure; auch stellt sie geringere Ansprüche an die Lage.
Farbe: hellgelb bis strohgelb
Duft, Geschmack: feiner Duft, fruchtig, Eisbonbon, Drops
Säureausprägung: feinrassig bis rassig
Körper, Gehalt: mittel bis kräftig

Silvaner

Ist er nicht eine Art kleiner Bruder des Riesling – mit früherer Herbstreife, dezenter, herzhafter Art, geringerer Säure und erdiger Substanz? Er war bis Mitte des Jahrhunderts die wichtigste deutsche Rebsorte und

verlor dann Boden zugunsten des Müller-Thurgau, weil sein Anbau schwieriger ist.
Geschmacklich hatte er es nicht verdient, wenn man seine ansehnliche Charaktervielfalt betrachtet: geschliffenerdige Silvaner aus Franken, die wunderbare Fischbegleiter sein können; Spargel-Silvaner aus Rheinhessen und aus der Pfalz; herzhafte Zech-Silvaner aus der Tradition der Pfalz und des Kaiserstuhls.
Farbe: blaß, fast wasserhell
Duft, Geschmack: dezent, sehr verhalten
Säureausprägung: mild bis feinrassig
Körper, Gehalt: leicht bis mittel

Scheurebe

Georg Scheus Züchtung aus dem Jahr 1916 ist eine der feinsten Bukettsorten, wenn ihr Wein aus vollreifen Trauben gewonnen wird. Dann entfaltet sich der betörende Cassis-Duft. Der Körper wird kräftig und verträgt die anhaltende Säure, die den Geschmack des aromatischen Weines lange im Mund verweilen läßt.
Die Scheurebe verdient es, alleine genossen zu werden; sie paßt aber auch zu würzigen Ragouts und fruchtigen Desserts. Exotisch, wie es ihre Art ist, zeigt sie besondere Stärken in Verbindung mit asiatisch gewürzten Speisen.
Farbe: hellgelb bis goldgelb
Duft, Geschmack: sehr aromatisch, schwarze Johannisbeeren
Säureausprägung: feinrassig
Körper, Gehalt: mittel bis kräftig

Bacchus

Dem Weingott Bacchus huldigt der Name dieser Neuzüchtung. Die vor allem in Rheinhessen und Franken angebaute Sorte mit feinem Muskatelleraroma gefällt dem Weinfreund durch ihren Körper und den angenehm-aromatischen Charakter, der gut ins deutsche Rebsortenbild paßt.
Farbe: hellgelb
Duft, Geschmack: blumig, zarter Muskatton (manchmal an Kümmel erinnernd)
Säureausprägung: feinrassig
Körper, Gehalt: leicht bis mittel

Grauer Burgunder

Der Speyerer Kaufmann Johann Ruland entdeckte 1711 eine ihm unbekannte halbwilde Rebe. Man nannte sie Ruländer, obwohl sie im Burgund längst bekannt war. Als Rebe sind Ruländer und Grauer Burgunder identisch. Nur der Lesezeitpunkt ist verschieden: Grauer Burgunder wird früher geerntet.
Doch wie unterschiedlich sind die Weine! Guter Grauer Burgunder, der in Frankreich „Pinot Gris" und in Italien „Pinot Grigio" heißt, hat ein volles Aroma reifer, gelber Früchte (häufig Birne), einen kräftigen Körper und spürbare Säure. Dazu braucht er bescheidene Erträge, warme Böden und gesunde Trauben, aber dennoch ein gewisses Reifegerüst – etwa Spätlesequalität. Das ist nicht so schwer, denn Grauer Burgunder erzielt bei gleichen Bedingungen 10 Oechsle-Reifegrade mehr als Riesling.
Farbe: strohgelb bis goldgelb
Duft, Geschmack: deutlicher Duft (Honig), voller Geschmack, manchmal leichter Mandelton
Säureausprägung: mild bis feinrassig
Körper, Gehalt: gehaltvoll

Weißburgunder

Die genaue Herkunft der Sorte kennen wir nicht, auch wenn sie sicher vom Spätburgunder abstammt, dessen Ansprüche an Boden und Klima sie geerbt hat. Aber was macht das, wo der Weißburgunder doch in Baden und in der Pfalz so herrliche Weißweine hervorbringt, die sich wie wenige andere zu leichten, feinen Speisen bewähren? Das war nicht immer so. Es bedurfte einer Renaissance des Weißburgunders als trocken ausgebauter, kräftig in Säure und Alkohol gestärkter Version, bis er sich die Herzen der anspruchsvollen Weintrinker eroberte.
Farbe: blaßgelb bis hellgelb
Duft, Geschmack: zarter, verhaltener als Ruländer
Säureausprägung: feinrassig
Körper, Gehalt: mittel bis kräftig

Gewürztraminer

Schon seit tausend Jahren sind Traminertrauben bekannt. Heute wächst in der Pfalz und am Kaiserstuhl vor allem die Spielart des würzigen Roten Traminer, der den Namen seinen rötlichen Beeren verdankt. Die goldgelbe Farbe, das unverkennbare Rosenaroma, recht hohe Alkohol- und Extraktwerte und der niedrige Säureanteil geben ihm seine besondere Art.
Der Gewürztraminer bringt selten hohe Erträge. Er ist eine der wertvollsten Bukettsorten und paßt zu würzigen Speisen.
Farbe: goldgelb
Duft, Geschmack: stark duftend (Rosen, mitunter Marzipan), sehr würzig
Säureausprägung: feinrassig
Körper, Gehalt: gehaltvoll

Elbling

Er wurde schon als „vitis alba", von dem römischen Schriftsteller Plinius im ersten Jahrhundert nach Christus erwähnt und war vor dem Mittelalter in Deutschland weit verbreitet, da er auf nahezu jedem Boden gedeiht. Heute steht er noch am Oberlauf der Mosel. Verhaltener Geschmack, große Ertragsstärke und herzhafte Säure machen ihn zum beliebten Zechwein und Sektgrundwein.
Farbe: blaßgelb
Duft, Geschmack: verhalten
Säureausprägung: betont
Körper, Gehalt: leicht

Rotwein-Rebsorten

Deutschland gilt als typisches Weißweinland. Nur etwa achtzehn Prozent der hunderttausend Hektar sind mit roten Rebsorten bepflanzt. Doch immer mehr Weinfreunde haben in den letzten Jahren ihre Liebe oder Vorliebe für unsere Rotweine entdeckt und akzeptieren inzwischen auch die gegenüber ausländischen Gewächsen etwas hellere Farbe.
Das Qualitätsniveau ist ebenbürtig, aber im Geschmacksbild sind sie grundverschieden: In den südlicheren Weinbauländern wird durch längere Sonneneinwirkung ein relativ hoher Alkoholgehalt erreicht. Die deutschen Rotweine hingegen besitzen weniger Alkohol, damit weniger Wucht, zeigen dafür aber viele Feinheiten in Duft und Aroma. Bei der Fruchtsäure verhält es sich durch unser nördliches Klima umgekehrt. Durch ausreichende Niederschläge während der gesamten Vegetationsperiode bleibt hier die frische, fruchtige Säure erhalten. Daher verzichten unsere Kellermeister auf höhere Gerbstoffgehalte, die in Stielen und Stengeln der Trauben vorhanden sind, mit denen in südlichen Rotweingebieten das Weinsäuredefizit ausgeglichen wird.
Natürlich spielt beim Geschmacksbild auch die Rebsorte eine wichtige Rolle. Ob Spätburgunder, Portugieser, Trollinger, Schwarzriesling oder Dornfelder, alle haben ihren eigenen Charakter. Auch das ist ein Unterschied zu anderen Ländern: Dort werden vielfach mehrere Sorten traditionell verschnitten.

Spätburgunder (Pinot Noir)

Die edle und sehr alte rote Sorte, verlangt viel Sorgfalt und stellt hohe Ansprüche an Klima und Boden. Sind die Wuchsbedingungen gut, läuft sie zu Hochform auf und lohnt die Mühe mit den schönsten Rotweinen der Welt: vollmundig, samtig, mit einem fruchtigen Aroma und Nuancen von Mandel. Der typische Spätburgunder hat einen leicht süßlichen Duft nach roten Früchten, von Erdbeere über Kirsche und Brombeere bis hin zur schwarzen Johannisbeere.
In der Vergangenheit waren die besten deutschen Spätburgunder, aus hochreifen Trauben gewonnen, nicht sehr farbintensiv, mild und gerbstoffarm und von rostroter Farbe. Neben diesem klassischen Typ gewinnt der „moderne" Spätburgunder mit kräftigem Rot, mehr Gerbstoff und häufig kurzer Lagerung im kleinen Eichenfaß (Barrique) immer mehr an Bedeutung.
Farbe: tiefrot
Duft, Geschmack: deutlich, manchmal Brombeerton, zarter Mandelton
Säureausprägung: weich, samtig, feine Gerbsäure
Körper, Gehalt: gehaltvoll

Portugieser

Mit Portugal hat er nur den Namen gemeinsam (er stammt aus dem Donauraum). Die meist hellroten, weichen Weine mit mäßigem Säure- und Gerbstoffgehalt gehören zu den einfacheren, unkomplizierten Roten. Sie können bei sehr vielen Gerichten genügsame Essensbegleiter sein. Viele Winzer bauen ihre Portugieser zum Weißherbst aus, der als trockener oder lieblicher Sommerwein viele Freunde hat.
Farbe: hellrot
Duft, Geschmack: verhalten, fast neutral, feinfruchtig (Erdbeeren), manchmal Pfefferton
Säureausprägung: mild, etwas betonter als Burgunder
Körper, Gehalt: leicht

Trollinger

Diese Württemberger Spezialität, der Leib- und Magenwein des schwäbischen „Vierteleschlotzers", hat seinen Namen aus Tirol: Tirolinger war der semantische Ausgangspunkt. Heute heißt er in Tirol „Vernatsch". Er ist Klima und Boden gegenüber genügsam und ermöglicht große Ernten. Der meist einfache, harmonische und leichte Rotwein hat ein helles Rot und mittlere Säure.
Farbe: leuchtend hellrot bis blaßrot
Duft, Geschmack: feinblumig, zarter Muskatton, fruchtig
Säureausprägung: betont rassig
Körper, Gehalt: leicht

Lemberger

Warm und windgeschützt will die fast nur in Württemberg angebaute, hochwertige Rotweinrebe stehen. Der Winzer braucht viel Geduld, ihre Trauben zur vollen Reife zu bringen. Doch dann lohnt sie es mit köstlichem Wein: dunkel und gerbstoffreich, aber mit spürbarer Säure, sehr gut lagerfähig und neben dem Dornfelder der Rotwein, der in Farbe und Geschmack am ehesten „südländische" Eigenschaften zeigt.
Farbe: tiefrot bis schwarzrot
Duft, Geschmack: blumig (Holunder), leichte Bittertöne, fruchtig (Banane)
Säureausprägung: säurebetont, gerbstoffreich
Körper, Gehalt: kräftig

Dornfelder

Die erfolgreichste rote Neuzüchtung entstand 1955 in Weinsberg und sollte ursprünglich nur der Verbesserung der Farbe hellroter Sorten dienen. Doch bald machte der „Rotschopf" sich selbständig und konkurrierte mit seiner tiefroten Farbe und herzhaftem Gerbstoff in vielen Weinstuben ernsthaft mit südländischen Rotweinen.
Farbe: schwarzrot
Duft, Geschmack: fruchtig (Himbeer, Brombeer)
Säureausprägung: betont, gerbstoffreich
Körper, Gehalt: gehaltvoll

Schwarzriesling

In offiziellen Rebsortenlisten findet man für diese Rotweinsorte meist die Bezeichnung „Müllerrebe". Die Herkunft geht auf Burgund zurück, wo diese Rebsorte seit über 400 Jahren bekannt ist. Auch der Schwarzriesling ist eine Mutation aus dem Spätburgunder. Mit dem weißen Riesling hat er nichts zu tun. Bei uns ist der Schwarzriesling fast ausnahmslos in Württemberg beheimatet.
Farbe: tiefrot bis schwarzrot
Duft, Geschmack: insgesamt burgunderähnlich
Säureausprägung: weich bis feinrassig
Körper, Gehalt: mittel

Die Weinarten

Das deutsche Weingesetz unterscheidet fünf Weinarten. „Art" bezieht sich auf die Farbe des Weins oder auf die Art der Produktion.
Weißwein: aus weißen Trauben
Rotwein: aus roten Trauben, die „rot" gekeltert werden, um die Farbe zu erhalten
Rosé: aus roten Trauben, die wie weiße Trauben, gleich gekeltert werden. Die Farbe ist daher blaßrötlich
Rotling: entsteht durch eine Mischung aus roten und weißen Trauben oder deren Maische und hat eine rötlich schillernde Farbe
Perlwein: ein Wein mit natürlicher oder zugesetzter Kohlensäure im Bereich Tafel- oder Qualitätswein

Besondere Weintypen

Das Weingesetz enthält noch einige besondere Kennzeichnungen für bestimmte Weintypen:
Affentaler Spätburgunder Rotwein: Qualitätswein oder Prädikatswein aus einigen badischen Gemarkungen im Raum Baden-Baden/Bühl;
Badisch Rotgold: Qualitätswein aus Grauburgunder und Spätburgunder, die in Baden gereift sind;
Ehrentrudis Spätburgunder Weißherbst: aus den Bereichen Kaiserstuhl und Tuniberg;
Liebfrau(en)milch: mild-lieblicher Qualitätswein aus Riesling, Silvaner, Rivaner (Müller-Thurgau) oder Kerner (ohne Rebsortenangabe);
Moseltaler: halbtrockener bis lieblicher Qualitätswein der Rebsorten Riesling, Rivaner (Müller-Thurgau), Elbling oder Kerner (ohne Rebsortenangabe);
Riesling-Hochgewächs: ausschließlich aus Rieslingtrauben mit einem höheren Mindestalkoholgehalt, mindestens 3 Punkte bei der A.-P.-Prüfung;
Schillerwein: eine Spezialität aus Württemberg, QbA oder Prädikatswein aus weißen und roten Trauben.

Rund um das Weinetikett

Was auf dem Etikett stehen muß

Das Weinetikett ist der Kompaß für den Käufer. Wer es zu lesen versteht, hat den ersten Schritt zum Weingenuß getan. Sechs Angaben muß jedes Etikett tragen, so bestimmt es das Gesetz:

Qualitätsgruppe

Jede Flasche Deutschen Weines ist klar und unmißverständlich gekennzeichnet:

- als deutscher Tafelwein/Landwein,
- als Qualitätswein bestimmter Anbaugebiete
- oder als Qualitätswein mit Prädikat.

Hiermit differenziert das deutsche Weinrecht anders als die Europäische Union (EU), die nur zwischen Tafelwein und Qualitätswein unterscheidet.

Die Einreihung der konsumreifen Weine in die Güteklassen erfolgt erst nach Anerkennung durch die zuständige Prüfbehörde. Dieses Prinzip gilt nach System und Umfang als einmalig.

Deutscher Tafelwein

Er muß ausschließlich aus im Inland geernteten, zugelassenen Rebsorten stammen. Es sind einfache, bekömmliche und erfrischende Schoppenweine.

Deutscher Landwein

Dieser ist eine gehobene Stufe des Tafelweines. Es sind herzhafte und frische Weine mit etwas mehr Körper und Charakter als einfache Tafelweine.

Je nach Jahrgang entfallen nur zwischen ein bis zehn Prozent auf deutsche Tafel- und Landweine.

Qualitätswein b. A.

„Qualitätswein bestimmter Anbaugebiete" — auch kurz QbA genannt – ist die Kategorie, zu der die meisten deutschen Weine gehören. Ein QbA darf nur aus einem einzigen der dreizehn bestimmten Anbaugebiete Deutschlands stammen. Und er muß die typischen Merkmale seines Anbaugebiets aufweisen, wenn er die amtliche Qualitätsweinprüfung

bestehen will, zu der jeder QbA – im Unterschied zum Tafel- oder Landwein – anzustellen ist. Denn erst aufgrund des Prüfungsbescheides darf die Bezeichnung QbA auf dem Etikett erscheinen.

Die schlichten Qualitätsweine werden, ebenso wie die Landweine, von den Winzern selbst als täglicher Schoppen genossen. Auch bei den geübten Weintrinkern wird diese Gewohnheit in zunehmendem Maße beobachtet.

Qualitätswein mit Prädikat

Qualitätsweine mit Prädikat, oft auch nur Prädikatsweine genannt, sind eine deutsche Besonderheit. Im Gegensatz zu Tafelwein und Qualitätswein b.A. dürfen Prädikatsweine nicht angereichert sein. Für sie gelten daher auch die höchsten Anforderungen in der Qualitätsprüfung hinsichtlich Sortenart, Reife, Harmonie und Eleganz. Diese Weine können je nach Reifegrad, Leseart und entsprechend ihrer individuellen Degustationsstruktur eines der nachfolgenden Prädikate erhalten.

Kabinett: Feine, leichte Weine aus vollreifen Trauben, die zugleich als die leichtesten Qualitätsweine weltweit bekannt sind. Sie können wirklich unbeschwert genossen werden.

Spätlese: Weine von vollreifen Trauben, die in einer späteren Lese geerntet werden. Sie sind intensiver im Geschmack, aber nicht unbedingt süß. Es sind reife, elegante Weine, die auch zu kräftig gewürzten Gerichten passen, zumal wenn sie trocken ausgebaut wurden.

Auslese: Edle Weine aus vollreifen, Trauben. Diese Weine bestechen durch ihr feines Bukett, die Fülle an Aromastoffen und durch einen Gehalt an dezenter, reifer Säure. Im allgemeinen sind sie schon etwas süßer, aber es gibt auch trockene Auslesen.

Beerenauslese: Volle, fruchtige Weine, die nur aus überreifen, edelfaulen Beeren gewonnen werden. Es sind seltene, besonders reichhaltige, süße Dessertweine mit dem unverkennbaren Aroma der Edelfäule (Botrytis Cinerea). Geeignet für ganz besondere Anlässe, auch in ferneren Jahren.

Trockenbeerenauslese: Die Weine dieser höchsten Prädikatsstufe werden aus rosinenartig eingeschrumpften, edelfaulen Beeren gewonnen. Diese hochkarätigen Tropfen sind süß und schmecken honigartig – Kostbarkeiten, die man in kleinen Gläschen als Aperitif oder nach einem festlichen Essen genießt.

Eiswein: Eine Rarität besonderer Art. Diese Weine werden aus Trauben von mindestens Beerenauslesequalität gewonnen. Sie dürfen jedoch nur in gefrorenem Zustand gelesen

und auch nur in gefrorenem Zustand gekeltert werden, so daß nur das stark zucker- und aromahaltige Konzentrat ausgepreßt wird. Es sind einzigartige Weine mit bemerkenswerter Konzentration an fruchtiger Säure und Süße.

Herkunft – Ursprung

Jeder deutsche Qualitätswein stammt zur Gänze aus einem der dreizehn bestimmten Anbaugebiete, deren Name auf dem Etikett zu lesen ist. Für Prädikatsweine gelten noch strengere Herkunftsbedingungen: die Trauben müssen in einem einzigen Bereich geerntet worden sein. Elf der deutschen Anbaugebiete liegen ziemlich konzentriert im Südwesten, die restlichen beiden Gebiete im Osten von Deutschland, alle auf dem 50. Breitengrad, also auf der Höhe von Labrador. Daß in Deutschland Wein wächst. verdanken wir nur dem Golfstrom und seinem Einfluß auf unser Klima. Die Anbaugebiete liegen an steilen südlichen Hängen, in geschützten Tälern und fast immer in der Nähe eines Flusses, der das Klima temperiert. Das Wasser reflektiert die Sonnenstrahlen und hilft damit, die Lichteinwirkung zu verstärken. Im Herbst steigen Dunst und Nebel auf und schützen die Reben vor zu frühem Frost.
Neben dem Klima der jeweiligen Gegend kommt es auch noch auf das „Kleinklima" des Weinbergs an: Die Richtung und der Winkel der Sonneneinstrahlung, die Intensität des Lichtes, das von den Flüssen reflektiert wird, eine schützende Hügelkette oder ein bewaldeter Gipfel, der den Wind ablenkt – all dies hilft Trauben und Wein, Geschmack, Fülle und Qualität zu erreichen.
Der Boden in unseren Anbaugebieten ist ausgesprochen vielschichtig. Er bestimmt nicht nur das Gedeihen der Reben, sondern er beeinflußt auch ganz wesentlich den Geschmack des Weines. Dabei kommt es hauptsächlich auf die unterschiedlichen Mineralien und Spurenelemente an, die eine Rebe aus der Tiefe des Bodens zieht. Und je länger die Trauben zum Reifen brauchen, um so mehr dieser aromabestimmenden Elemente werden aufgenommen.
Die deutschen Weinanbaugebiete sind in etwa 2600 Einzellagen eingeteilt, die wiederum zu etwa 160 Großlagen zusammengefaßt sind. Eine Lage umfaßt Rebflächen mit gleichen oder ähnlichen Standortbedingungen (Boden, Klima usw.). Je genauer die Herkunft des Weines nachgewiesen ist, desto individueller ist er im allgemeinen.
Bei Tafelweinen ist vieles anders. Stammt das Lesegut ausschließlich aus deutschen Weinbergen, so heißt er „Deutscher Tafelwein". Aber auch hier gibt es abgegrenzte Gebiete: Tafelweingebiete, nach denen der Wein zwar nicht ganz genau, aber empfehlenswert zum Beispiel als „Rhein-Mosel", „Bayern", „Neckar" und „Oberrhein" ausgewiesen wird. Einige Tafelweingebiete sind wiederum in Untergebiete unterteilt, wie „Oberrhein" in „Römertor" (Südbaden) und „Burgengau" (Nordbaden).
Landwein hat immer eine Herkunftsbezeichnung, die auf eine bestimmte

Landschaft hinweist, so „Schwäbischer Landwein" für einen Württemberger, „Rheinischer Landwein" für einen Landwein aus Rheinhessen.

Erzeuger oder Abfüller
Hier haben wir also den Vater des Weins oder denjenigen, der mit seinem Namen als Abfüller für das Produkt einsteht. „Erzeugerabfüllung" oder Gutsabfüllung bedeutet, Anbau, Herstellung und Abfüllung liegen in den Händen eines Winzers, einer Winzergenossenschaft oder eines vergleichbaren Zusammenschlusses von Winzern und Kellereibetrieben. Für die neu eingeführte Bezeichnung „Gutsabfüllung" gelten zusätzliche Bedingungen. Diejenigen Winzer, die Trauben, Most oder Wein an ihre Weinhändler verkaufen, erscheinen nicht auf dem Etikett. Hier übernehmen die Abfüller die Garantie für Weinausbau und Qualität. Auf dem Etikett steht dann: „Abfüller Weinkellerei ..."

Amtliche Prüfungsnummer
Die Prüfungsnummer ermöglicht es, den für die Herstellung und Abfüllung des Weines Verantwortlichen festzustellen.
Die amtliche Prüfung besteht aus der Leseprüfung, einer analytischen Prüfung und der Sinnenprüfung zur Feststellung der gesetzlich für jeden Qualitätswein normierten Mindestbedingungen. Die Sinnenprüfung wird, wie bei den Weinprämierungen, als Weinbewertung nach dem von der Deutschen Landwirtschaftsgesellschaft entwickelten DLG-5-Punkte-Schema durchgeführt: Wein will mit allen Sinnen erfaßt und bewertet werden: mit den Augen betrachtet, mit der Nase berochen und mit der Zunge und dem Gaumen geschmeckt.
Bei der Sinnenprüfung stellt der Prüfer zunächst fest, ob der Wein eine seiner Weinart entsprechende Farbe und optimale Klarheit aufweist, für die Herkunft und, sofern angegeben, für den Jahrgang, für die Rebsorte und für das Prädikat typisch ist.
Nach Erfüllung der Vorbedingungen – jede „Nein-Entscheidung" beendet das Prüfungsverfahren – werden die Merkmale Geruch, Geschmack und Harmonie einer ins Einzelne gehenden Bewertung unterzogen. Jedes Merkmal wird für sich allein bewertet und ist auch gleich gewichtet, wobei es eine Punktzahl zwischen Null und Fünf erreichen kann. Die Summe der drei Einzelbewertungen durch drei geteilt ergibt die eigentliche Qualitätszahl – einen Wertmaßstab, der bei Null beginnt und bei 5,0 endet.
Bei der Qualitätsweinprüfung muß ein Wein mindestens 1,5 Punkte erreichen, um die Prüfnummer zu erhalten; bei der Bundesweinprämierung sind 3,5 Punkte für einen Bronzenen, 4,0 für einen Silbernen und 4,5 für einen Großen Preis notwendig. Die Bewertung eines Weines ist stets das Durchschnittsergebnis einer Prüfergruppe, wenn es sich um eine Prämierung handelt. Vier erfahrene Prüfer bewerten zunächst jeden Wein für sich, erst dann geht jedes Einzelurteil in das Gesamturteil, wel-

Einflüsse von Boden und Klima auf den Gebietstyp unserer Weine

Anbaugebiet	Bodenart	Weincharakter
Ahr	Vulkanerde, Schiefer	samtige Rotweine und rassige Weißweine
Mosel-Saar-Ruwer	Schiefersteilhänge, reich an Mineralien	rassig, feinduftig, pikant
Mittelrhein	Schiefersteilhänge	rassig, fruchtige Säure
Rheingau	Löß, Lehm, verwitterter Schiefer	elegant, feinfruchtige Säure, rassig
Nahe	Löß, Lehm, Quarzit, Porphyr	feinrassig, duftig, fruchtig
Rheinhessen	Löß, Sand- und Kalkböden	mild, aromatisch, vollmundig
Pfalz	Lehm, verwitterte Kalkböden	kräftige Art, vollmundig
Hessische Bergstraße	Löß	elegant, fruchtige, ausgeprägte Säure
Franken	Löß, Sandstein, Kalk, Keuper	erdig, kräftig, mit frischer Säure
Württemberg	Muschelkalk, Mergel, Löß	kräftig, robust, säurebetont
Baden	Löß, Lehm, Vulkanerde	körperreich, samtige und feurige Rotweine
Saale-Unstrut	Muschelkalk, Buntsandstein	erdig, feinfruchtig
Sachsen	Löß, Granit, Porphyr	kräftig, feinrassig

ches das Endurteil ist, ein. Mit diesem einfachen, aber sicheren Prüfschema ist auch der weininteressierte Laie in der Lage, die Arbeit der Prüfer nachzuvollziehen.

Flascheninhalt
Der Flascheninhalt ist in jedem Fall auf das Etikett zu drucken. Üblich sind Inhalte von 0,75 l und 1 l.

Alkoholgehalt
Der vorhandene Alkoholgehalt des Weines ist in Volumen-Prozent (Vol.-%) auf dem Etikett angegeben.

Mögliche zusätzliche Angaben

Neben den eben genannten Angaben kann das Weinetikett noch eine Reihe weiterer Informationen enthalten:

Jahrgang
Die deutschen Rebsorten sind zwar so auf unser Klima eingestellt, daß sie nahezu jedes Jahr einen guten, ansprechenden Wein liefern. Trotzdem gibt es Unterschiede. In dem einen Jahr überwiegt vielleicht eine markante, fruchtige Säure. Im nächsten Jahr bestimmt möglicherweise eine feine, harmonische Süße des Mostes den Charakter des späteren Weines. Für Weinkenner sind diese Feinheiten der Jahrgänge wichtig. Und nach dem Jahrgang richtet sich schließlich auch die Lagerfähigkeit besonders edler Weine.
Übrigens, die ganz großen Jahrgänge sind, wie praktisch überall auf der Welt, selten. Bei uns zählen zum Beispiel der 1971er und 1976er dazu. Und noch seltener sind die Jahrhundertweine, wie zum Beipiel der 1921er und der 1953er.

Rebsorte
Weltweit sind etwa 8000 Rebsorten bekannt. In Deutschland dürfen davon nur etwas mehr als 50 angebaut werden, die in unserem Klima besonders gut gedeihen. Auf den Seiten 132 bis 135 finden Sie eine detaillierte Charakterisierung der klassischen deutschen Rebsorten.

Geschmacksrichtung
Auf den Weinetiketten findet man in den letzten Jahren immer häufiger gesetzlich zugelassene Geschmacksangaben, zum Beipiel „trocken" oder „halbtrocken". Es sind Weine, die besonders gut zum Essen schmecken.
Trockene Weine sind vollständig durchgegoren. Sie dürfen nach dem Gesetz grundsätzlich nicht mehr als 4 g und bei höherer Säure nicht mehr als 9 g Restsüße enthalten. Halbtrockene Weine dürfen bis zu 18 g Restsüße aufweisen.
Manchmal werden trockene oder halbtrockene Weine auch farblich gekennzeichnet. Die Flaschen sind dann mit farbigen Siegeln oder Streifen ausgestattet, oder das Etikett wird farbig gedruckt. Im allgemeinen bedeutet gelb = trocken und grün = halbtrocken.

Engere Herkunftsbezeichnung
Qualitätsweine b.A. können auch engere Herkunftsbezeichnungen führen, zum Beipiel den Namen eines Bereichs, eines Weinorts und/oder einer Lage. Diese Herkunftsangaben sind besonders für den Weinkenner von besonderer Wichtigkeit.

Sonstiges
Einzelne Betriebe gehen dazu über, Analysedaten, wie Restzucker und Säure, in Preislisten oder auf den Rückenetiketten aufzuführen. Schließlich gestattet der Gesetzgeber auf dem Etikett noch zweckdienliche Angaben zur Verwendung des Weines, also Hinweise zur Harmonie von Essen und Trinken oder zur Trinktemperatur.

Was die Flasche noch verrät

Siegel und Prämierungsstreifen
Am weitesten verbreitet ist das Deutsche Weinsiegel. Um dieses Gütezeichen zu erhalten, muß der Wein bei der Bewertung eine höhere Einstufung erreichen als sie für die Vergabe der A.P.-Nr. verlangt wird. Das gelbe Weinsiegel steht für trockene Weine, das grüne für halbtrockene, und das rote für liebliche oder süße Weine. Trockene Weine können bei Erfüllung besonderer Voraussetzungen die Zusatzbezeichnung „Für Diabetiker geeignet, nur nach Befragung des Arztes" tragen.
Neben dem Deutschen Weinsiegel gibt es noch Verbandsgütezeichen für badische und fränkische Weine.
Zu den Auszeichnungen für Weine mit überdurchschnittlicher Güte zählen die Preise der DLG-Bundesweinprämierung: Großer Preis Extra sowie Großer, Silberner und Bronzener Preis. Diese jährlichen Wettbewerbe, bei denen besonders hohe Anforderungen gestellt werden, finden zunächst auf regionaler Ebene statt. Nur Weine, die bei den Landesweinprämierungen erfolgreich waren, können dann in einer zweiten Stufe an der nationalen Bundesweinprämierung der DLG teilnehmen.

Schaumwein und Sekt

Bei Schaumwein und Sekt sieht das Etikett ähnlich aus wie beim Wein. Viele Angaben, wie Herkunft, Jahrgang, Weinart, Rebsorte, Alkoholgehalt, Flascheninhalt, die amtliche Prüfungsnummer und die Angaben über den Erzeuger, sind dieselben. Wir konzentrieren uns daher auf das, was auf dem Sektetikett anders ist.
Schaumwein wird durch eine erste oder zweite Gärung gewonnen. Deutscher Sekt ist Qualitätsschaumwein, der ausschließlich durch eine zweite Gärung hergestellt wird.
Für die Herstellung von Sekt kommen drei Verfahren in Frage: Die klassische oder traditionelle Flaschengärung, das Transvasierverfahren und die Großraumgärung. Die beiden letzteren werden normalerweise nicht genannt.
Die Geschmacksangaben bei Schaumwein unterscheiden sich merklich von denen für Wein, was besonders bei den Begriffen „trocken" und „halbtrocken" deutlich wird. Trockener Sekt und trockener Wein sind zwei Paar Stiefel. Trockener Sekt hat nämlich mehr Restsüße als trockener Wein. Wer also einen herben oder trockenen Sekt wünscht, sollte zu einem mit der Bezeichnung „extrabrut", „brut" oder „extra trocken" greifen.

Vom Umgang mit Wein

Wein richtig lagern

Ideal für die Lagerung von Weinen ist ein dunkler, kühler Raum mit etwas feuchter Luft und einer möglichst gleichbleibenden Temperatur zwischen 8° und 12°C oder 10° bis 15°C, wenn Rotwein dabei ist. Wärme und Licht schätzen Weine nicht. Auch sollte man sie nicht in der Nähe von Lebensmitteln oder anderen Waren lagern, die starke Gerüche abgeben. Denn Weine „atmen" durch die Korken und neigen dazu, Gerüche aufzunehmen. Wenn Sie keinen Keller oder eine andere Lagermöglichkeit haben, die diese Bedingungen erfüllt, sollten Sie auf jeden Fall einen Ort wählen, der nicht allzu starken Temperaturschwankungen ausgesetzt ist. Warme Stellen in der Küche oder helle, luftige Plätze in Fensternähe sind jedenfalls nicht zu empfehlen. Wein sollte immer liegend lagern, damit der Korken feucht und elastisch bleibt. Nur Weine mit Metallverschlüssen können stehend gelagert werden.

Wein richtig servieren

Deutsche Weine passen zu jeder Gelegenheit. Sie stimulieren mit ihrer Frische und Leichtigkeit, und sie sind perfekte Begleiter zu unserer heutigen leichten Küche. Wird ein Wein zu kalt oder zu warm serviert, verliert er an Bukett und Geschmack. Daher sind rechts die empfohlenen Trinktemperaturen angegeben.
Wenn Sie eine Flasche Wein öffnen wollen, schneiden Sie zunächst den oberen Teil der Kapsel ab – falls es nicht eine Lasche zum Abziehen gibt. Danach den Flaschenhals abwischen, und erst dann den Korken ziehen. Wählen Sie klare, farblose Gläser mit Stiel und einem tulpenförmigen Kelch. Ein oben schlanker werdendes Glas hilft, das Bukett länger zu bewahren, und es erleichtert das Schwenken des Weins im Glas. Füllen Sie das Glas immer nur bis zur Hälfte mit Wein.

Optimale Trinktemperaturen

Weinarten	Deutscher Tafelwein bis Spätlese	Auslese bis Trockenbeerenauslese
Weißwein		
jung (bis 5 Jahre)	9–11°C	10–12°C
älter (über 5 Jahre)	10–12°C	12–14°C
Weißherbst/Rosé		
jung (bis 3 Jahre)	9–13°C	12–14°C
älter (über 3 Jahre)	12–14°C	12–14°C
Rotwein		
jung (bis 3 Jahre)	14–16°C	17–19°C
älter (über 3 Jahre)	16–18°C	17–19°C
Schaumwein (Sekt)	8–10°C	

Anmerkung: Bei jungen, gerbstoffbetonten Rotweinen führt eine höhere Temperatur (18–22°C) häufig zu einem besseren Genuß.

Haben Sie Lust, mehr über deutsche Weine zu erfahren? Vielleicht möchten Sie mit dem Weinatlas oder per Video eine Reise durch unsere Anbaugebiete unternehmen? Oder Weine stilvoll öffnen und servieren? Fordern Sie einfach weitere Informationen an:

Deutsches Weininstitut
Marketingkoordination
Gutenbergplatz 3–5
55116 Mainz

Rezeptverzeichnis

Hinweise zu den Rezepten

- Die Zubereitungszeit umfaßt sämtliche Vorbereitungs- und Garzeiten.
- Die Temperaturangaben beziehen sich auf einen Elektroherd mit Ober- und Unterhitze, jedoch ohne die Umluftfunktion.
- Bei den Zutatenmengen gehen wir jeweils von ungeputzter Rohware aus. Stückangaben beziehen sich jeweils auf ein Stück mittlerer Größe.

Abkürzungen

EL	=	Eßlöffel (gestrichen)	ml	=	Milliliter
TL	=	Teelöffel (gestrichen)	kg	=	Kilogramm
Msp.	=	Messerspitze	g	=	Gramm
l	=	Liter	°C	=	Grad Celsius

Redaktion für diese Ausgabe: Ralf Labitzky
Herstellung für diese Ausgabe: Harald Kraft
Rezeptfotos: Armin Faber und Thomas Pothmann, Düsseldorf (Foodstyling: Arno Manthei)
Weitere Fotos im Innenteil: Bildarchiv Huber, Garmisch-Partenkirchen: Seite 2, 20, 21 u., 51 u., 70, 71 o., 80, 101 u., 111 u., 120 und 121 (ohne Nennung), Seite 111 o. (Breig), Seite 110 (Giovanni), Seite 41 o., (Tom Mackie), Seite 50 und 51 o. (B. Radelt), Seite 5, 10, 11, 21 o., 30, 31, 40, 41 u., 60, 71 u., 81, 90 und 91 (R. Schmid); **Deutsche Weinsiegel GmbH**, Frankfurt: Seite 140; **DWI**, Mainz: Seite 137 u. und 139; **DWI/Dieth**, Mainz: Seite 100, 130, 131, 132, 133, 134 und 135; **DWI/Europress**, Mainz: Seite 136 u., 137 o. und 138; **DWI/Faber**, Mainz: Seite 141; **Armin Faber**, Düsseldorf: Seite 61, 101 o. und 136 o.; **Armin Faber und Thomas Pothmann**, Düsseldorf: Seite 4 o., 14 u. und 122; **FALKEN Archiv: M. Brauner:** Seite 65 u. und 144 / **W. Feiler:** Seite 4 u. li. und 27 u. / **TLC:** Seite 4 u. re., 13 u., 23 u., 44, 46 u., 49, 57 u., 66 u., 74, 79 u., 87 u., 143 u. li.; Fotos Seite 6 bis 9 wurden dem Verlag von den abgebildeten Personen freundlicherweise zur Verfügung gestellt
Zeichnungen: Nesrin Schlempp-Ülker, Wiesbaden: Seite 1 sowie alle Zeichnungen zu den Weinempfehlungen im Rezeptteil

048680196 X 817 2635 4453 6271

02 01 00 99